JN441251

젠더와 교육

포용적 발전과 사회 정의 관점에서

국제지역과 개발의
다학제적 연구 총서 II

젠더와 교육

포용적 발전과 사회 정의 관점에서

서울대학교 국제대학원 BK21 교육연구단

경인문화사

서울대학교 국제대학원 4단계 BK21 교육연구단은 "국가전략의 시대적 요구에 부응하며, 지역학과 국제개발을 선도하는 다학제적 학문후속세대 및 전문 혁신인력 양성"을 비전으로 설정하고, 이를 실현하기 위한 학제적 연구·교육 기반을 구축해 왔습니다.

교육연구단은 국제개발의 네 가지 핵심 과제와 지역학의 네 개 연구권역을 교차시키는 '개발-지역 매트릭스Development-Region Matrix'를 중심으로 연구를 진행해 왔습니다.

4개 주제: △지속가능발전 △민주적 거버넌스 △경제·사회정책 △국제협력

4개 권역: △남아시아·동남아시아 △아프리카 △중남미 △중동·중앙아시아 및 기타 지역

이 체계는 총 16개의 연구 교차점을 형성하며 이를 중심으로 경제학·정치학·사회학·역사학·인류학·국제법 등 인문·사회과학의 다양한 전문영역을 유기적으로 통합하는 연구 및 교육 활동이 이루어지고 있습니다. 각각의 연구는 참여교수와 학생들이 공동으로 진행하고 있으며, 주제에 따라 현지조사도 함께 이루어지고 있습니다.

교육연구단이 2021년부터 추진해 온 '교재개발사업'은 이러한 다학제적 기반을 실질적 성과로 제출한 대표적 사례입니다. 이 사업은 BK 참여교수와 학생이 개발·지역 사례를 중심으로 연구의 기획, 자료 수집, 분석,

집필에 이르는 전 과정을 함께 경험하도록 설계된 공동연구 프로그램입니다. 최대한 자료를 많이 수집함으로써 향후 연구와 교육의 교재로도 사용될 수 있도록 하는 것이 목표입니다. 그 결과 지난 5년간 다음과 같은 주제의 교재개발사업이 진행되었습니다.

1차년도: 지역 및 사례연구 개관

2차년도: 국제개발과 포용적 성장 (젠더·빈곤·교육 사례연구)

3차년도: 지속가능성과 그린·디지털ODA (식량·에너지·기후변화 사례연구)

4차년도: 지역별 사례연구 (도시화·취약국·이주·인권·난민)

5차년도: 민주주의와 거버넌스 (제도적 역량·평화구축 사례연구)

이번에 발간하는『국제지역과 개발의 다학제적 연구 총서』제2권은 이러한 연구적 흐름을 계승하면서도 젠더 정의와 포용적 발전이라는 국제개발의 주요 의제를 중심에 놓고 분석하는 연구성과들을 담고 있습니다. 젠더 불평등과 교육 격차는 여러 지역에서 사회적·경제적 취약성을 강화하는 구조적 요인이자 지속가능발전·사회통합·역량강화를 제약하는 조건이 되고 있습니다.

특히 젠더와 교육은 가족·노동·제도·문화 등 다양한 사회구조와 깊이 연결되어 있기 때문에 이를 분석하기 위해서는 역사학적, 문화적 측면에서 다각적이고 다층적인 접근이 필수적일 수밖에 없습니다. 본 총서는 이러한 복합적 쟁점을 미시적 경험부터 거시적 구조까지, 입체적 관점에서 조명하려고 노력했습니다. 다른 한편으로 복합적인 면을 모두 고려하면서도 각각의 분야를 깊이 있게 다루지 못한 것이 이 책의 특징이면서도 한계도 될 수 있다고 생각합니다.

본 권에 수록된 연구들은 르완다와 니카라과의 젠더 사례를 통해 법적 규범과 일상적 관습 사이의 괴리 분석, S자 다중 균형 모형을 적용한 방글라데시·니제르·온두라스의 조혼에 관한 양적 연구, 일본-몽골 간 교육협력의 전개와 특징을 살핀 장애아동 교육개선 프로젝트START 사례, 르완다 개발협력 프로젝트를 대상으로 한 청각장애 학생 통합교육 방안 평가 등으로 구성되어 있습니다.

이번 총서는 다학제적 접근을 토대로 이론·현장·정책을 연결하는 연구단의 지향점을 잘 드러내고 있다고 생각합니다. 단순히 젠더와 교육 문제를 열거하는 데 그치지 않고, 사회구조의 제약을 드러내는 분석, 현장에서의 실천과 대안 모색, 국제협력의 실효성에 대한 성찰을 통합한다는 점에서 의의를 지닌다고 할 수 있습니다. 이는 교육연구단이 지속적으로 추구해 온 학제적 융합과 현장 기반 연구라는 가치와도 맞닿아 있습니다.

마지막으로 본 총서의 발간을 위해 연구와 집필에 참여해 주신 BK 참여교수, 학생 연구진, 신진연구자께 깊은 감사를 전합니다. 본 연구가 젠더와 교육 분야의 학술적·정책적 논의를 심화하고, 지역·국가·국제사회의 포용적이고 지속가능한 미래를 설계하는 데 의미 있는 기여가 되기를 기대하겠습니다.

서울대학교 국제대학원 BK21 교육연구단 단장 박 태 균

2025년 12월

| 목차 |

1장 법이 관습을 견인하는가
: 르완다와 니카라과의 젠더 사례*

김종섭**, 박효진***

서론

대개 권위주의와 비교해서 민주주의에서의 여성 권익 보장 및 젠더 평등이 잘 이루어진다. 실제로 많은 젠더 평등 지수를 살펴보면, 우위에 있는 국가들은 대체로 민주주의 체제로 운영된다. 예를 들어, 아래의 〈표 1〉의 젠더 갭 인덱스Gender Gap Index에서는 1위부터 10위 사이의 국가 중 9개의 국가가 민주주의 체제이다. 대표적으로, 자유도 정도에 따라 점수를 부여하는 프리덤 하우스 인덱스Freedom House Index에 따르면 젠더 갭 인덱스에서 높은 위치에 있는 아이슬란드, 핀란드, 노르웨이, 뉴질랜드는 94점, 100점,

---

* 본 연구는 서울대학교 국제대학원 4단계 BK21 교육연구단『국제지역과 개발의 다학제적 연구를 통한 교재개발』의 지원을 받아 수행되었으며, 「라틴아메리카연구」제36권 제1호에 게재된 논문을 수정·보완한 것입니다.

** 서울대학교 국제대학원 박사과정
*** 서울대학교 국제대학원 교수

99점으로 굉장히 점수가 높다. 이는 점수가 높을수록 자유하고 평등하다는 것을 나타내는 데이터에서 굉장히 상위권에 위치한 국가들임을 알 수 있다. 반대로, 낮은 순위에 있는 국가는 아프가니스탄156위, 이라크154위, 이란150위, 말리149위 등 대개 권위주의 혹은 독제정권 하에 있는 국가들이다.[1] 아래에서 볼 수 있듯 르완다와 니카라과 또한 자유도 점수에서 각각 22점과 23점의 굉장히 낮은 점수를 가진 것으로 보아 평등하고 자유로운 민주주의 체제의 모습을 띈다고 하기에는 어렵다.

여기에서 볼 수 있듯, 대부분의 권위주의 체제 국가에 비해 민주주의 국가에서 여성 권익 보장이 잘 이루어진다는 주장은 뒷받침된다. 그런데, 이와는 반대로 오히려 권위주의 체제임에도 민주주의 체제에서보다 나은 젠더 평등 실정을 보이는 국가들이 있다. 대표적으로 아프리카의 르완다와 남아메리카의 니카라과가 이 경우이다.

사하라 사막 이남에 위치한 르완다는 2020년 기준 1인당 GDP가 약 797달러로 사하라 사막 지역의 평균인 1,501달러보다 낮은 수치이며 개발도상국에 속한다.[2] 남아메리카의 니카라과 또한 1인 GDP 1,905달러로 르완다보다는 나은 실정을 보이지만 지역 평균인 7,243달러와 비교해서는 여전히 발전 중인 나라에 속한다. 두 국가 모두 개발도상국으로 분류되며 정치체제로는 위에서 언급한 바와 같이 권위주의 체제하에 있다.

개발도상국이며 권위주의 체제임에도 불구하고 두 국가 모두 꾸준한 의회 여성 비율의 증가로 현재는 의회의 50 % 이상을 여성이 차지하고 있으며 〈표 1〉의 글로벌 젠더 갭 인덱스 2021 에서 볼 수 있듯 르완다와 니카라과 각각 높은 점수로 7위와 12위에 자리한다.

---

1 Global gender gap report 2021. World Economic Forum. https://www.weforum.org/reports/global-gender-gap-report-2021 (검색일: 2022.03.21.)

2 World Bank Data. GDP Growth (annul%). https://data.worldbank.org/indicator/NY.GDP.MKTP.KD.ZG

그림 1 | 르완다와 니카라과 지도

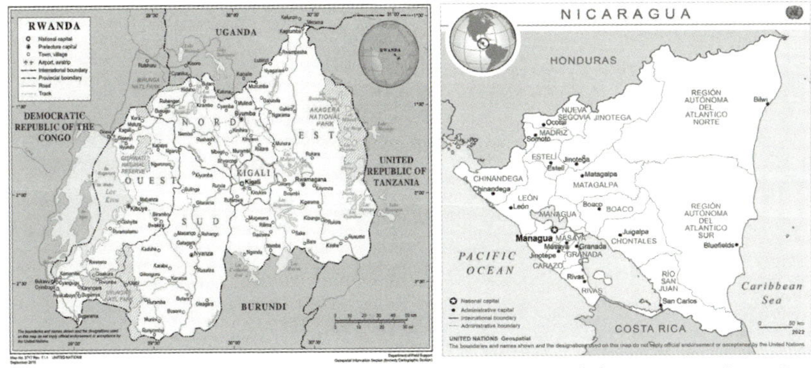

출처: United Nations Country Data

그래프 1 | 르완다와 니카라과의 의회 여성 비율(단위 %)

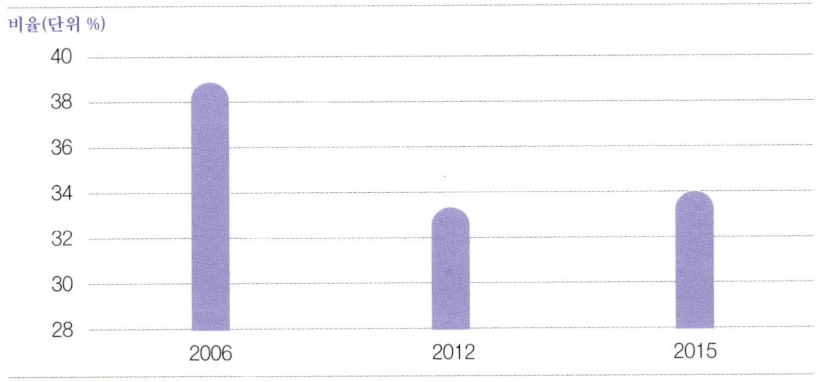

출처: World Bank Data

이 글로벌 젠더 갭 인덱스의 평가 기준은 '경제 기회 균등, 교육, 보건 복지, 정치'의 네 가지가 있다.[3] 이러한 기준들은 대체적으로 경제 분야에서의 여성 비율, 교육 분야 교육받는 학생 및 가르치는 교사 등 에서의 여성 비율, 보건 및 의료 혜택을 받는 여성 비율, 그리고 정치에 참여하는 여성의 비율 등으로 계산한 수치이다. 다른 말로, 이는 실제적인 관습 여성 권익에 대한 이해, 가정

---

3 *Global gender gap report 2021.* World Economic Forum. (n.d.). https://www.weforum.org/reports/global-gender-gap-report-2021 (검색일:2022.03.21)

내 여성의 역할, 여성의 권위와 권익에 대한 관습적 이해, 가정 폭력 등은 나타낼 수 없다. 논문에서 자세히 다뤄질 내용 중 하나로, 법적으로는 두 국가 모두 굉장히 높은 젠더 평등을 보이지만 실제적인 관습은 보이는 수치보다 월등히 못하다. 즉, 법적인 여성 권익 보장의 높은 수준과는 달리 관습적으로는 여전히 여성의 권위는 남성보다 아래에 있다.

표 1 | Global Gender Gap Index 2021 and Freedom House Score 2022

순위	국가명	젠더 평등 점수	자유도 점수
1	아이슬란드	0.892	94
2	핀란드	0.861	100
3	노르웨이	0.849	100
4	뉴질랜드	0.840	99
7	르완다	0.805	22
10	스위스	0.798	96
11	독일	0.796	94
12	니카라과	0.796	23
18	남아프리카 공화국	0.781	79
23	영국	0.775	93
30	미국	0.763	83
34	멕시코	0.757	60
102	대한민국	0.687	83

출처: Global Gender Gap Index Report 2021, Freedom House Index 2022 재구성

이 논문은 르완다와 니카라과의 사례를 중심으로 권위주의 체제하에서 법적으로 여성 권익이 보장되는 것과 달리 관습은 변하지 않고 있음으로써 인해 법의 효력이 약하다는 것을 설명한다. 몇 가지 사회 분야의 예시로 여성운동의 유무, 토지 소유권 재산 상속권 및 유산 상속 등에 대한 권리 중 현재 가장 많은 논의가 이루어지고 있는 사회 분야, 가정 폭력의 실태 관습의 고착화 를 이용한다. 두 국가 모두 법이 관습보다 앞선다는 공통점을 지니지만 니카라과는 상대적으로 적극적인 여성의 역할로 법과 관습의 괴리를 줄이고 있다는 차이 또한 존재한다.

분석이론[4]

젠더 분야에서는 일반적으로 법과 제도 등 공식적인 사회규범이 관습과 종교 등 비공식적인 사회규범보다 앞서 가는 경향이 있다. 그리고 법과 제도는 비공식적인 사회규범을 보다 개선된 방향으로 이끄는 역할을 하기도 한다. 그러나 법과 제도가 비공식 사회규범을 변화시키는 속도는 경우에 따라 다르다. 어떤 경우에는 법과 제도가 비공식 사회규범을 전혀 변화시키지 못하는 경우도 있고, 어떤 경우는 매우 빠르게 변화시키는 경우도 있다. 법과 제도가 얼마나 빨리 비공식 사회규범을 변화시키는가는 여러 가지 요소에 달려 있다.

사회적으로 소외된 자들에게 전통적인 사회규범을 지키는 것은 여러 가지 피해를 의미하기도 하지만, 또 여러 가지 혜택을 의미하기도 한다. 예를 들어, 가정 폭력을 당한 여성이 전통적인 관습을 따를 경우 그냥 침묵하는 경우가 대부분일 것이다. 그럴 경우 침묵의 피해는 지속되는 폭력과 그에 따른 신체적 혹은 정신적 고통일 것이며, 또 자녀에게도 그 폭력과 피해가 이어지기도 한다. 침묵의 혜택은 가정을 지킬 수 있다는 것과 여성이 속한 공동체에 머무를 수 있다는 것이다.

만약 침묵을 지키지 않고 법에 호소한다면 몇 가지 결과가 나타날 수 있다. 제일 좋은 시나리오는 법이 여성을 폭력으로부터 구함으로써 여성이 더 나은 삶을 살게 되는 것이다. 이럴 경우, 폭력 남성에 대해서는 가정에서 분리되든가 교육을 받든가 하는 어느 정도의 처벌이 가해질 것이다. 그러나 항상 이렇게 결론이 나지는 않는다. 많은 경우 여성이 법에 호소하

4 Aldashev, Caara et al, (2012) "Using the Law to change the custom", Journal of Development Economics 97 pp. 182-200

더라도 공권력이 법을 그대로 집행하지 않을 가능성이 있다. 그럴 경우 여성은 남성뿐 아니라 자신이 속한 공동체에서도 더 큰 핍박을 받을 수 있다.

여기서 중요한 요소들은 법과 관습 사이에 얼마나 차이가 있는가와 법이 어느 정도 잘 집행되고 있는가이다. 법이 관습보다 앞서 갈 때 법은 사람들의 행동과 관습을 변화시키며 법이 엄격하게 집행되고 있을 때 더 빠르게 변화한다. 법이 사회규범보다 약간 앞서 있을 때 비공식 사회규범이 법의 영향을 받아 빠르게 변화하지는 않는다. 어차피 법과 사회규범의 차이가 크지 않으므로 사회규범에 따라 행동하더라도 법에 저촉되지 않기 때문이다.

그러나 법이 관습보다 지나치게 앞서 있을 경우에도 법은 관습을 변화시키지 못하거나 변화시키더라도 매우 느리게 진행될 수 있다. 법과 관습 사이의 격차가 심할 때 공권력은 그 법을 집행하기가 어렵다. 법과 관습의 격차가 심하다는 것은 많은 사람이 그 법을 지키지 않고 있다는 것인데, 이런 상황에서 전부 처벌할 수는 없을 것이다. 법이 제대로 집행되지 않는 상황에서 피해를 당한 여성은 법에 호소하더라도 별 소용이 없기 때문에 법에 호소하는 경우도 많지 않을 것이다.

여기에서 알 수 있는 것은 법이 관습과 일치하는 경우와 법이 관습보다 크게 앞서가는 경우의 중간 어느 지점이 가장 효율적으로 관습을 바꿔 나간다는 점이다. 즉, 온건한 법이 급진적인 법보다 효과적일 수 있다.

법과 관습 사이에 큰 격차가 존재하더라도 정부의 법 집행력이 강하다면 사람들이 법이 집행될 것이라는 기대감이 높아 법에 의존하게 되고, 관습은 법에 빠르게 수렴할 것이다. 따라서 정부는 법을 제정할 때 집행력을 고려할 필요가 있다. 집행력이 약한데 법이 너무 급진적이고 관습과의 괴리가 크다면 법은 오히려 관습을 변화시키기 어렵다. 개도국에서는 일반적으로 법의 집행력이 약하기 때문에 너무 급진적인 법을 제정하는 것보다 관습이 법을 수렴하는 추이를 보면서 점진적으로 개정하는 것이 좋을 수 있다.

또 관습을 바꾸려는 사람들의 의지가 강하거나 그러한 집단이 존재할 때 정부로 하여금 법을 집행하게 하는 압력으로 작용할 수 있으며, 따라서 법이 관습을 견인할 수도 있다. 르완다의 사례에서는 법과 관습의 격차가 커서 관습이 법에 수렴하지 못하거나 수렴하더라도 그 속도가 매우 느림을 볼 수 있는 반면, 니카라과의 사례에서는 매우 적극적인 여성들의 정치 활동이 관습을 변화시킴을 볼 수 있다.

역사적 배경

르완다

약 85%의 후투족과 14%의 투치족, 그리고 이 외 많은 소수 민족으로 구성된 르완다는 벨기에의 오랜 식민 지배를 받은 끝에 1962년에 해방됐다. 벨기에는 식민 지배 당시 서양인과 비슷한 투치족에게 지배권을 주었으며 이는 해방 이후에도 지속됐다. 이에 불만을 가진 후투족은 쿠데타를 일으켜 투치족을 정권에서 몰아낸다. 우간다, 탄자니아 등의 주변국으로 망명한 투치족은 '르완다 애국전선'의 무장세력을 결성하여 르완다를 다시 공격했다. 이후 오랫동안 이어진 내전에 지친 투치족과 후투족 모두 평화협정에 동의 하여 1993년에 아루샤 평화 협정을 맺는다.[5]

그러나 1994년 4월 6일 당시 후투족 출신 대통령이 탄 비행기가 격추되어 사망하는 사건으로 갈등이 재점화되며 투치족에 대한 대학살이 일

---

5 Reyntjens (1996) Rwanda: Genocide and Beyond. p.240-241. https://doi.org/10.1093/jrs/9.3.240

어난다. 10일 동안 약 100만 명이 죽임을 당했고, 투치족이 이에 맞서 반란을 일으키면서 대학살은 끝이 난다. 대학살에 의해 남성 수가 급격히 줄어들어 사회 재건 사업에 동원할 인구가 적었으며, 이 때문에 국가에서는 여성들에게도 남성과 동일하게 일자리 제공, 유산 및 토지 소유권 인정 등의 권리를 부여했다.[6] 이때 여성의 권리를 위한 법이 제정되었으며 그것이 현재까지 남아 있는 것이다. 한 가지 예로, 2015년 개정된 '2003년 헌법'에는 남녀평등과 여성 권익보호를 위해 모든 의사결정 직위에 필수적으로 최소 30%의 여성을 포함시켜야 한다는 조항이 새롭게 신설되었다.[7]

하지만 르완다에서는 지금도 사회 관습이 법보다 영향력이 강해서 여전히 여성을 남성보다 열등한 존재로 인식하고 있다. 대학살 이후 국가는 필요에 의해 여성에게 많은 권한 - 예를 들어 남성과 똑같이 가장의 역할로 상속받거나 일에 대한 마땅한 수입을 갖는 등 -을 허락했지만 시간이 지나며 다시 남성의 수가 늘자 여성은 원래의 자리로 돌아갈 수밖에 없었다. 여성이 하던 여러 가지 일 - 경제활동, 교육, 정치 등 - 은 남성에게 돌아가고 여성은 예전처럼 보육과 가사를 맡았다.[8]

젠더 평등에 법적인 발전이 있었음에도 불구하고 다시 대학살 이전으로 돌아간 이유는 여러 가지가 있지만, 대표적으로 르완다의 법과 관습 사이의 괴리가 굉장히 컸다. 여성을 사회 재건 사업에 이용하기 위해 대학살 이후 많은 법이 제정됐지만, 이는 모두 급진적인 법에 해당했다. 하지만

---

6 Izabiliza. 2005. The Role of Women in Reconstruction: Experience of Rwanda. p.1-2. https://doi.org/10.1080/10246029.2007.9627637

7 "Welcome to GMO", Welcome to GMO, May 28, 2022, https://www.gmo.gov.rw/.

8 McLean Hilker, L. C. (2014). Navigating adolescence and young adulthood in Rwanda during and after genocide: Intersections of ethnicity, gender and age. *Children's Geographies, 12(3)*, 354-368. https://doi.org/10.1080/14733285.2014.913784

법 제정 당시의 사회 관습은 여전히 대학살 이전과 동일했다. 즉, 여성 권익의 당위성이 사회 전반적으로 알려지지 않은 상태였다. 나아가, 르완다는 여성 권익 혹은 젠더 평등에 대한 교육의 부재를 경험했다. 관습적으로 받아들여지던 것에서 많이 벗어난 여성 권익과 젠더 평등에 대한 기본적인 교육이 되어 있지 않은 상황에서 급진적인 법이 제정되었기 때문에 관습은 이를 따라가지 못했다. 따라서 대학살 이후 시간이 지나 다시 남성의 수가 사회에서 늘어나자 여성은 원래의 자리로 돌아갈 수밖에 없었다. 즉, 법만 지나치게 급진적인 경우에는 관습을 견인할 수 없다.

니카라과

니카라과에서는 독재 정권을 지속하던 소모사를 몰아내고 새로운 정당을 세우려는 혁명이 일어났으며 이를 '산디니스타 혁명'이라 일컫는다. 소모사 정권 당시의 여성 권익은 전혀 보장되지 않았다. 심각한 가정 폭력의 만연, 재산에 대한 소유권 주장 불가, 정치 및 경제 시장에 참여 불가 등이 대표적인 소모사 정권 당시의 여성 권익 부재를 보여주는 사례들이다. 산디니스타 혁명 이후 1979년 산디니스타 혁명 정부FSLN: Frente Sandinista de Liberación Nacional가 정권을 잡으며 1990년까지 약 11년간 니카라과를 지배한다. 여성들은 혁명 때부터 게릴라전에 직접 참여하였으며 남성들의 혁명 운동에 적극적인 지원과 보조의 역할을 수행했다. 이뿐 아니라, 전쟁에 참여하는 남성의 수가 늘어나자 사회에 빈자리로 남은 일자리들을 여성들이 채웠으며 가정 내에서도 자녀의 교육과 보육을 담당했다.

또 혁명 정부 내에서도 권리를 보장받기 위해 적극적인 운동을 지속했다. 이의 결과로 1974년부터 혁명 정부에서는 여성의 역할을 인정하기 시작하였고 혁명 정부의 약 38%는 여성 멤버로 구성되었다. 나아가, 같은 시기에 비슷한 여성 단체인 AMNLAEAsociación de Mujeres Nicaragüenses Luisa

Amanda Espinoza를 설립하여 여성 권익과 교육을 위한 적극적인 운동을 지속했다.[9]

혁명 당시 양당 모두 위와 같이 여성의 활발한 참여로 여성 권익을 보장받을 수 있었다. 그러나 혁명 이후에 몇몇 사람들은 여성이 기존의 역할로 돌아가기를 원했으며 이로 인해 많은 여성 단체가 와해되고 여성 리더들은 다시 세력을 결집하는 데 어려움을 겪었다. 하지만 곧 다시 시작된 적극적인 여성운동과 새로운 여성 단체의 설립 - 대표적으로 ATC La Asociación de Trabajadores del Campo - 으로 현재는 공식적 규범 및 법적으로는 르완다와 비슷한 여성 권익 보장 수준이다.

위의 글로벌 젠더 갭 인덱스 〈표 1〉에서 볼 수 있듯 니카라과는 젠더 평등에 있어서 세계 12위에 위치한다. 2016년 기준 여성 의원의 비율이 약 43%이며 2014년 헌법 개정을 통해 남녀가 동등한 조건에 활동할 수 있는 내용이 신설되었다.[10] 공공기관에서 여성이 차지하는 비율이 현재 높아지는 추세를 보이며 많은 여성 기업인이 두각을 나타내기 시작했다. 그러나 현재까지도 여성에 대한 고정된 관습적 이해에 의해 남성과 비교해서 상대적으로 낮은 임금, 높은 비율의 비정규직, 가정 내에서의 폭력 문제를 겪는다.

---

9 Paul D. Almeida and Ilja A. Luciak, "After the Revolution: Gender and Democracy in El Salvador, Nicaragua, and Guatemala", *Contemporary Sociology 32*, no. 2 (2003): p. 214, https://doi.org/10.2307/3089606.

10 "주니카라과 대한민국 대사관", 니카라과 정부의 양성 평등정책 상세보기|정치/외교주니카라과 대한민국 대사관, accessed May 28, 2022, https://overseas.mofa.go.kr/ni-ko/brd/m_5792/view.do?seq=1194746&srchFr=&%3BsrchTo=&%3BsrchWord=&%3BsrchTp=&%3Bmulti_itm_seq=0&%3Bitm_seq_1=0&%3Bitm_seq_2=0&%3Bco

여성운동

니카라과는 산디니스타 혁명 때부터 여성들의 자발적 운동과 적극적 움직임이 여성 권익 보장에 중요한 역할을 했다. 1979년부터 1990년까지의 산디니스타 혁명 정부의 집권 동안에 여성들은 새로운 단체들을 만들며 힘을 결집하였다. 하지만 1990년에 새로운 정권이 들어선 이후 2006년까지 신자유주의 정권이 차례로 들어서자 여성 권익 증진은 다소 주춤하는 모습을 보였다. FSLN 정부 내 여성의 입지와는 다르게 새로운 정권들은 여성, 특히 지방 여성의 권익에 집중할 필요를 느끼지 못했다. 교육 분야에서는 사교육의 증가로 모두를 위한 공교육이 줄어들었으며, 보건 및 복지 분야에서도 대부분의 여성이 이용하던 공공의료는 약해졌다.[11] 이의 결과로 가장 큰 피해를 입은 건 여성들이었다. 여성들을 위한 교육 단체 혹은 교육 시설이 부족한 가운데 공교육의 확대는 당시 여자 아이들에게 교육 기회의 균등을 의미했다. 하지만 사교육의 증가로 공교육의 약해지자, 여성들은 다시 학교에 다닐 수 없게 되었다. 공공의료 시스템도 마찬가지이다. 여성들은 특히 출산을 위해 의료 시스템을 찾게 되는데, 산디니스타 정부 당시 마련했던 공공 의료기관들은 병원 비용 지불의 부담과 출산 시 산모 사망률을 줄이는 데 크게 기여했다. 그런데 신자유주의 정권이 들어서면서 다시 여성들은 교육 기회와 의료 시스템 접근성의 불평등을 겪어야 했다.

11 Takeo and Rice. (2021) Women's Struggle in Nicaragua: from Liberation fighters to building an alternative society. https://peoplesdispatch.org/2021/11/04/womens-struggle-in-nicaragua-from-liberation-fighters-to-building-an-alternative-society/

이렇듯 공적으로 여성의 권익 보장이 쉽지 않은 상황이었지만, 여성들은 계속해서 결집했다. 대표적으로 위에서 언급한 AMNLAE가 있다. 1978년 설립된 이 단체는 게릴라전에서 활약을 한 여성들과 여성운동 지도자 등으로 이루어졌으며 이는 1990년 새로운 정권이 들어선 후에도 계속해서 영향력을 행사하였다. 이 단체의 뒤를 이어받아 ATC La Asociación de Trabajadores del Campo가 적극적으로 여성운동을 하였으며 이들은 지방 및 노동자 계급 여성의 권익 보장과 삶의 질 향상을 목표로 운동을 지속했다.

이렇듯 적극적인 운동을 지속한 결과 1999년과 2006년 사이 신자유주의 정권 때에는 표면적이나마 법 제정을 통해 여성의 시민권 보장과 지역 공공 정책으로서의 여성 참정권을 보장해주었다. 하지만 직접적 시행은 2007년 FSLN의 재집권 이후에야 본격적으로 시작되었다.[12] 기존의 법 이외에도 FSLN 정부에서는 여성의 삶의 질 개선을 위한 정부 차원의 새로운 법 개정 및 교육 진행, 노동자 계급의 여성을 위한 나은 일자리 윤리 교육이 이루어지고 있다. 현재까지 진행되고 있는 여성운동 및 활동에는 문맹 퇴치 운동, 중소기업 설립, 산모 건강 서비스 등 다양한 분야에 걸쳐 많은 시민단체와 비영리기구가 세워지고 있다.[13]

현재 니카라과에서는 여성 권익이라는 개념에 대한 이해 부족을 젠더 문제의 가장 큰 원인으로 보고 지방이나 작은 마을에 거주 중인 여성들을 집중적으로 교육하는 운동이 지속해서 이루어지고 있다. 대표적으로 'Articulación Feminista de Nicaragua'가 있으며, 이는 니카라과에서의 여

12 Armando Chaguaceda. (2011) "El Movimiento De Mujeres y Las Luchas Sociales Por La Democratización En La Nicaragua Postrevolucionaria (1990-2010)", *Encuentro*, no. 89, pp. 39-62, https://doi.org/10.5377/encuentro.v44i89.551.

13 Ibid.

성운동과 교육을 지원하며 국가적 차원에서도 인증을 받는 단체이다.[14] 다양한 여성들로 이루어진 이 단체는 100개 이상의 개인 혹은 단체들이 모여서 교육, 생활 지원, 여성운동을 함께하며 가장 큰 목표는 여성이 사회문제에 목소리를 내는 데 있다. 정치와 경제 등 사회적으로 높은 지위에 있는 사람들도 포함된 이 단체를 비롯하여 니카라과의 많은 여성 단체와 개인은 스스로 적극적인 움직임을 통해 여성을 위한 법 제정을 요구하며, 이의 결과로 관습도 함께 같은 방향으로 나아가고 있다. 이후에 나올 재산 소유권 혹은 가정 폭력 등의 자료를 살펴보면, 르완다와 비교해 니카라과는 법과 관습의 괴리가 작다. 즉, 니카라과는 여성이 적극적인 운동을 통해 법을 스스로 변화시키고 있기 때문에 법과 관습의 괴리가 크지만 상대적으로 르완다에 비해 그 차이를 좁혀가고 있다고 할 수 있다.

니카라과와 달리 르완다는 여성운동이 활발하지 않으며, 이미 제정된 법 이외에 여성운동으로써 새롭게 얻은 권리나 사회적 인식의 변화는 없다. 처음 르완다의 여성들이 권익을 보장받기 시작한 데는 인력의 부족에 따라 국가 차원의 필요에 의한 것이었다. 르완다 대학살 당시 수많은 남성이 죽자 많은 일자리가 공석으로 남았다. 그러자 국가에서는 여성들에게 남성과 동일한 권리를 법으로 보장하였다. 예를 들어 소유권을 가질 수 있는 법, 경제활동에서 남성과 동일한 대우급여, 가장으로서의 역할 인정 등이 있었다. 그리고 여성들 또한 당시에는 '소득 창출'[15]에 집중을 하고, 여성운동이나 지속적인 여성 권익에 대한 운동은 이루어지지 않았다.

---

14 Dutt and Grabe. (2019). Understanding Processes of Transformative Change: A Qualitative Inquiry into Empowering Sources and Outcomes Identified by Women in Rural Nicaragua. p.487-504. https://doi.org/10.1007/s11199-019-1005-1.

15 Goldfaden, M. B. (2010). "Triumph over Tragedy: The Women's Movement of Rwanda Finds Success Post-Genocide". *Inquiries Journal/Student Pulse, 2*(01) p.2

대학살 이후에 정권을 잡은 르완다의 정부들은 젠더 평등을 옹호하며 적극적으로 법을 제정한 것이 아니라 정권 유지를 위한 수단으로 이들을 이용했다.[16] 그렇기 때문에 사회적으로 여성 권익에 대한 이해 증진은 적극적으로 이루어지지 않았으며 표면적인 법들이 많다.

르완다의 경우, 대학살이라는 대량 폭력mass violence을 겪은 후 여성 권익 발전이 뒤따른 준 것은 사실이다. 하지만 르완다는 국가 차원에서 위로부터 이뤄진 권익 보장이었다는 점, 여성들이 권익 요구보다는 수익 창출에 중점을 둔 점, 그리고 대학살 이후에 여성을 위한 법 제정 또한 표면적으로 정부의 권력 유지를 위한 것이었다는 점 때문에 결론적으로 현재까지 여성 동원에 큰 영향을 주지는 못했다.[17] 그렇기 때문에 현재까지도 르완다는 여성 권익을 위한 여성의 자발적 운동은 제한적이며 나아가 여성 권익에 대한 이해도가 상대적으로 니카라과에 비해 낮다. 도심 지역의 몇몇 여성을 제외한 대다수의 여성은 교육의 부재 혹은 여성 권익 중요성에 대한 인식 부족을 겪는다. 몇몇 사회 분야에서 이루어지고 있는 여성운동은 가정 폭력에 대한 것이며, 이외의 주제에 대한 운동이나 여성 단체는 미비하다.

르완다와 니카라과 둘 다 권위주의 체제하에서 여성의 권익이 보장되는 국가임에도 불구하고 다른 양상을 띈다. 니카라과는 자발적 여성운동의 결과로 많은 여성 권익 보호법이 제정되었다. 덕분에 니카라과는 관습이 법을 따라가고 있다고 볼 수 있다. 왜냐하면, 니카라과는 관습과 법 사이의 괴리가 큰 상태에서 여성운동을 시작하면서 관습은 발전한 법에 가

---

16 Burnet. (2011). "Women Have Found Respect: Gender Quotas, Symbolic Representation and Female Empowerment in Rwanda" (2011). Anthropology Faculty Publications. 3, p.311

17 Berry, M. E. (2015). From violence to mobilization: Women, war, and threat in Rwanda*. *Mobilization: An International Quarterly, 20*(2), p.152

까워졌다. 동시에 법은 여성들의 자발적 움직임과 요구로 제정되었기 때문에 현실에 반영되는 경우가 많다. 다시 말해, 니카라과에는 현실적으로 실현 가능한 법이 많다. 이는 법이 점진적으로 발전해 나가고 있음을 보여주며, 그렇기 때문에 법도 효력을 발휘할 수 있다. 여성들이 주체적으로 만든 법이기 때문에 사회적으로도 법을 따르고자 할 것이고, 이로 인해 법의 효력도 생긴다. 즉, 니카라과에서는 법과 관습의 괴리가 크지만 르완다와 비교하여 법이 효력을 가지므로 괴리가 줄어들고 있다고 할 수 있다. 니카라과에서 이전 관습적으로는 여성이 사회적으로 남성보다 하위에 있다고 여겨지며 여성의 역할이 가사일 등 몇 가지에 한정적이었다면, 현재는 여성들이 자발적 운동을 통해 권리를 얻고 기업 운영, 일자리 확보, 정치적 평등 등 다양한 사회 분야에서 눈에 띄고 있다.[18]

이와는 상반되게 르완다는 대학살 이후 국가에서 필요에 의해 남성과 동등한 권리를 제공했다. 국가에서 제정한 법 이외에 여성의 자발적 운동에 의한 사회적 변화 혹은 법의 추가 제정은 제한적이었으며 현재도 젠더에 대한 관습적 이해가 사회에서 지배적 가치로 남아 있다. 여전히 여성보다 남성을 우월하게 여기며 여성에게 동등한 권익은 제공되지 않는다. 그래서 아직 여성운동이 대중화되지 않았으며, 운동이 이루어지고 있더라도 영향력은 미미하다.[19] 즉, 두 국가의 비교를 통해 법과 관습의 간극이 크더라도 아래로부터의 자발적 개혁 및 변화는 관습을 변화시키는 힘이 있어서 법과의 거리를 좁혀 갈 수 있지만 위로부터의 개혁인 경우 관습은 변화하지 않고 법만 앞서 가기에 간극을 줄이기가 어렵다는 것을 알 수 있다.

---

18 Takeo and Rice. (2021). Women's Struggle in Nicaragua: from liberation fighters to building an alternative society. https://peoplesdispatch.org/2021/11/04/womens-struggle-in-nicaragua-from-liberation-fighters-to-building-an-alternative-society/

19 Goldfade. (2010). "Triumph over Tragedy: The Women's Movement of Rwanda Finds Success Post-Genocide". http://www.inquiriesjournal.com/a?id=106

토지 소유권

니카라과와 르완다의 여성 권익 보장을 보여주는 두 번째 사회 분야는 토지개혁이다. 르완다는 대부분의 경제활동이 농업으로 이루어지는 만큼 토지의 소유권이 중요한 나라이다. 토지 소유는 대부분 남성 명의인 반면, 토지 관리는 모두 여성에게 맡겨진다. 그러나 대학살 이후 많은 남성이 죽으면서 남성 명의였던 토지의 소유권이 불분명해지자 가정 구성원 중 여성에게도 소유권이 넘어가도록 국가에서 법을 제정했다. 즉, 대학살 이후 남성 수가 다시 늘기 전까지 토지 소유인과 관리인이 동일하였다. 그러나 이마저도 여성에게 불리하게 적용된다. 법에는 여성의 토지 소유권을 '결혼'한 경우에만 인정한다. '배우자'나 '과부'일 때만 법이 적용되며 나머지 여성들 - 미혼, 새로운 형태의 가정 등 - 에게는 소유권이 인정되지 않는다.[20]

법이 여성에게 불리하게 제정되어 있는 것이 사실이지만 이밖에도 토지 소유권이 불평등한 이유 중 다른 하나는 여성의 역할에 대한 관습적 이해의 고착이다. 가정 내에서 남자 형제는 여자 형제에게 소유권이 주어지는 것을 원하지 않는다. 관습적으로 여성이 남성과 동일한 권리나 유산을 상속하거나 소유하는 것을 인정하지 않기 때문에 〈그래프 1〉에서 살펴볼 수 있듯이 기본적인 물건들에 대한 소유나 권리 - 예를 들어 통장 소유, 휴대폰 소유 여부 등 - 도 남성보다 여성이 현저히 떨어지는 것을 확인할 수 있다. 집과 땅은 공동명의를 포함한 수치이기 때문에 일부 중복계수를 고려한다면, 이 또한 여성이 남성보다 낮은 비율로 소유함을 확인할 수 있다. 이는 토지 상속권 또한 마찬가지이다. 여성들은 사회적 관습

---

20 Agnes Andersson Djurfeldt, "Gendered Land Rights, Legal Reform and Social Norms in the Context of Land Fragmentation - a Review of the Literature for Kenya, Rwanda and Uganda", *Land Use Policy 90* (2020): p. 104305, https://doi.org/10.1016/j.landusepol.2019.104305.

에 의해 남자 형제에게 토지 소유권을 양도하거나 빼앗기는 경우가 허다하다.[21] 관습적으로 여성도 토지 관리인과 소유자가 다른 불평등한 상황에 대한 인식이 여전히 낮다.

이를 해결하기 위해서는 다시 한 번 적극적인 여성운동과 현실적으로 실현 가능한 법을 제정하는 것이 해결책으로 제시된다. 현재 르완다의 토지 소유권 불평등 문제는 법과 관습의 차이가 지나치게 큰 경우에 해당한다. 즉, 법적으로 완벽한 토지 소유권에 대한 평등을 추구하지만 관습과의 차이가 매우 크기 때문에 실행 가능성이 낮으며, 사회적으로도 법의 효과는 미미하다. 법의 효력을 강화하려면 실행 가능한 법을 신설하여 관습을 견인해야 한다.

그래프 1 | 자산 소유 항목별 여성과 남성 비율

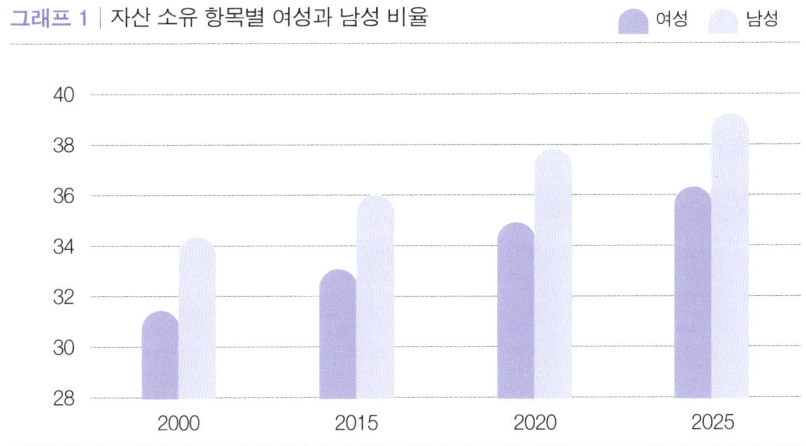

출처 : 미국국제개발처 (USAID) Demographics and Health Surverys 2019-2020

니카라과에서도 현재 토지 소유권 문제가 중요하게 대두되어 나아가 토지개혁으로 이어지고 있다. 과거 미국의 통치를 받았던 니카라과는 당

21 Ibid., p.9

시 시작된 토지 제국주의를 시작으로 1979년까지 대부분의 토지는 미국에 소유권이 있었다. 하지만 혁명 이후 1980년에 FSLN 정부 차원의 토지개혁으로 경작 당사자에게 소유권이 넘어갔다. 혁명 당시에 토지 경작과 관리가 어려워지자 많은 남성이 이 일을 여성에게 맡기기 시작했다. 앞서 언급한 대표적인 여성 단체 중 하나인 ATC는 지방 및 농업에 종사하는 여성을 위해 집중적으로 운동을 지속한 것으로 보아 여성에게도 토지개혁은 권리 증진에 중요한 주제였다는 것을 유추할 수 있다. 여성의 권익을 위해서뿐만 아니라 이는 니카라과가 르완다에 비해 전체 토지 면적은 적지만 수익성이 굉장히 크다는 이유에서도 중요하다. 몇몇 지역은 토지 중심 경제활동이 주를 이루는 경우도 있을 만큼 토지 소유권은 혁명 이전부터 지금까지 중요한 쟁점이다. 많은 노력과 2007년 재집권한 FSLN의 적극적인 지원으로 여성 소유권을 주장하는 토지개혁이 이루어지며 토지 소유권을 통한 여성 권익 증진이 이루어지고 있다.

이렇듯 여성에 의한 적극적인 법 개정이 이루어지며 긍정적인 신호를 주고 있는 반면 그와 동시에 르완다와 비슷하게 여성의 혼인 문제, 가족 내 갈등, 사회적 관습으로 인해서 토지 소유권의 실질적 평등은 여전히 부족하다고 평가된다.[22] 니카라과에서 여성의 혼인 문제는 르완다와 마찬가지로 토지 소유권에서 중요한 기준이다. 니카라과의 토지 관련 법에서 혼인한 여성에 관해서는 명시되어 있는 반면, 새로운 형태의 혼인이나 가족 관계 등에는 맞지 않기 때문에 공식적 법과 규범의 보완이 필요하다. 또 가족 내의 남자 형제 및 아버지, 남편과의 갈등으로 인해 토지 소유권을 명확하게 요구하지 못하는 것도 현실이다. 이 또한 사회적 관습에 의한 결과로 볼

22 Helle Munk Ravnborg et al., (2016). "Land Governance, Gender Equality and Development: Past Achievements and Remaining Challenges", *Journal of International Development 28*, no. 3, pp. 412-427, https://doi.org/10.1002/jid.3215.

수 있으며 니카라과 지방 및 농지에서 특히 더 만연한 현상이다.[23]

하지만 두 국가의 토지 소유권 문제를 비교했을 때, 니카라과가 르완다보다는 나은 실정이다. 〈표 2〉는 OECD 산하의 Social Institutions and Gender Index SIGI 의 일부로, 180개국의 사회적 여성 차별을 사회 분야별로 순위 매긴 젠더 평가 방법 중 하나이다. 표에 나온 수치는 0이 완전한 법적 평등을 의미하며 반대로 1은 심한 불평등을 뜻한다. 이를 바탕으로 자료를 살펴보면 니카라과는 0.75, 르완다는 0.25로 니카라과가 르완다에 비해 법적으로는 불평등함을 알 수 있다. 〈표 3〉은 SIGI에서 토지 접근권에 대한 법과 실제 여성의 토지 점유율을 수치화한 표로, 위의 〈표 2〉와 동일하게 법은 0에 가까울수록 평등, 1에 가까울수록 불평등을 의미한다. 법 오른편에 있는 '여성의 실제 토지 점유율'은 실제로 여성 소유로 명시된 토지가 전체 토지에서 얼마를 차지하는지를 나타낸 수치로, 높을수록 여성 명의로 된 토지가 많다는 것이다. 여기서 볼 수 있듯 토지 점유율은 니카라과가 다른 선진국과 비교해도 매우 높다는 것을 확인할 수 있다.

르완다의 실제 여성 토지 점유율은 SIGI에서는 자료가 제공되지 않았으나, 미국국제개발처 United States Aids for International Development, USAID 에서 제공한 〈표 4〉의 정보를 확인하면, 증서가 있거나 소유권이 있는 토지 중에서 남성의 이름이 명시되어 있는 경우는 62.6%, 여성은 56.6%이다. 그런데 토지 소유주가 존재하지만 이름이 명시되지 않은 경우를 살펴보면 남성은 3.8%, 여성은 10.8%로 여성이 약 7%p가 높은 것을 확인할 수 있다. 여성의 경우, 소유하고는 있으니 실제적으로 이름은 명시되지 않는 경우가 10.8%인 것을 의미한다. 즉, 두 국가 모두 토지 소유권의 평등한 배분이

---

23 Helle Munk Ravnborg et al., (2016). "Land Governance, Gender Equality and Development: Past Achievements and Remaining Challenges", *Journal of International Development* 28, no. 3, pp 412-427, https://doi.org/10.1002/jid.3215.

중요한 쟁점이라는 공통점이 있으며 법적으로 토지 접근성의 불평등은 동일하지만 니카라과는 적극적인 여성운동의 도움으로 실제 점유율은 높은 수치를 확인할 수 있다.

표 2 | 법적 유산 상속권

국가명	법적 평등 (0~1)
남아프리카공화국	0
르완다	0.25
대한민국	0.25
멕시코	0.25
스위스	0.25
미국	0.25
독일	0.50
영국	0.50
니카라과	0.75

출처: SIGI 2019

표 3 | 토지 접근성에 대한 법과 실제 점유율

국가명	법적 평등 (0~1)	여성의 실제 토지 점유율
스위스	0	6.5
독일	0	8.4
영국	0.25	13.1
미국	0	13.7
멕시코	0.25	15.7
니카라과	0.25	23.3
대한민국	0.25	N/A
르완다	0.25	N/A
남아프리카공화국	0.25	N/A

출처: SIGI 2019

표 4 | 토지 소유권에 대한 소유권 혹은 증서 유무: 여성·남성 비교

	Land has a title or deed and:			
	소유권에 이름 명시	소유권에 이름 명시되지 않음	토지 소유주 없음	알 수 없음
Men(15-59)	62.6	3.8	33.6	0.0
Women(15-59)	56.6	10.8	32.1	0.6

출처: 미국국제개발처 (USAID) Demographics and Health Surveys 2019-2020

가정 폭력

체제와 상관없이 많은 국가에서 여전히 가정 폭력은 젠더 연구에서 중요한 쟁점이다. 개발도상국과 권위주의 체제에서는 심각성이 부각되지 않고 있는 것이 문제이며, 나아가 폭력에 대한 교육 부재, 인식 부재 등 더 많은 문제를 야기한다. 르완다와 니카라과 또한 여성에 대한 가정 폭력은 심각한 문제이며 현재 많은 연구가 진행되고 있다. 상대적으로 르완다와 니카라과 두 국가 모두 법적으로는 젠더 평등은 앞서가고 있음에도 불구하고 가정 폭력의 문제는 해결되고 있지 못하다.

표 5 | 르완다와 니카라과의 친밀한 파트너로부터의 폭력(IPV) 현황

	Lifetime Physical and/or Sexual IPV	Physical and/or Sexual IPV in last 12 months
르완다	41.5	23.8
니카라과	22.5	7.5

출처: UN Women Global Database on Violence against Women

르완다에서 가정 폭력이 지속되는 가장 큰 이유는 여성 권익에 대한 교육의 부재이다. 관습을 바탕으로 한 사회적 분위기와 젠더 역할에 대한 이해 부족 때문에 가정 폭력을 문제시해야 한다는 것을 인지하지 못한다. 도시 지역의 경우에는 지속적인 정치 참정권 확보 및 각종 여성 권익

보호 법 제정으로 상황이 낫지만, 지방이나 외곽 지역의 여성에게는 교육의 부재와 이를 위한 해결 방안이 없다는 것이 문제이다. 지방에서의 가장 심한 폭력의 형태와 대상으로는 '가까운 파트너에 의한 폭력Intimate Partner Violence: IPV'이다. IPV를 경험한 여성들은 대부분 정신적 질환Common Health Mental Disorder: CMD과 자살충동을 겪는 것으로 나타났다[24]. 미국국제개발처의 자료로 만들어진 〈그래프 2〉를 살펴보면, 가정 폭력, 특히 여성을 상대로 한 가정 폭력에 대한 여성과 남성의 수용적 태도의 차이를 확인할 수 있다. 놀랍게도 오히려 여성들은 음식을 태웠을 때, 남편과 다투었을 때, 아이를 방치했을 때, 그리고 성관계를 거부했을 때 남편에게 구타를 당하는 것을 수용하는 비율이 남성보다 월등히 높음을 볼 수 있다.

그래프 2 | 아내 폭행에 대한 여성의 태도

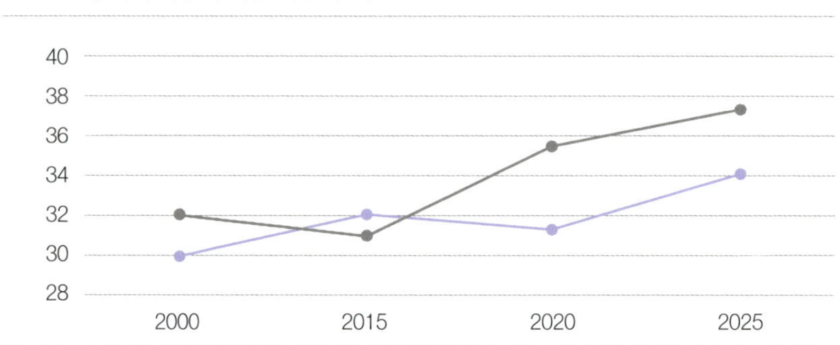

출처: 미국국제개발처 Demographic and Health Surveys Rwanda 2019-2020

물론 지역, 연령 등 다양한 기준에 따라 가정 폭력의 정도와 영향의 편차는 존재하지만 통상적으로 르완다는 보여지는 법과 현실의 관습 사이의 괴리가 여전히 크다. 젠더 기반 폭력Gender-Based Violence에 관한 법이

24 Femke Verduin et al., "Intimate Partner Violence in Rwanda", *Journal of Interpersonal Violence 28*, no. 9 (2012): pp. 1839-1858, https://doi.org/10.1177/0886260512469106, 1846-1847.

2008년에 공식적으로 제정되었음에도 불구하고 관습은 여전히 변화하지 않고 있다.[25] 이러한 괴리를 좁히기 위해 여성이 가정 폭력에 대응할 수 있는 권한에 대해 인지할 수 있도록 교육시키는 것이 해결 방안으로 제시된다. 하지만, 르완다는 여성의 자발적인 운동이나 결집이 부족하여 아직 어려움을 겪고 있다[26].

니카라과의 경우에도 가정 폭력은 심각한 문제이다. 니카라과 여성들은 다양한 여성 단체 및 여성운동을 통해서 가정 폭력에 대한 인지 교육, 여성 권익 교육은 존재한다. 그러나 법적 제도의 부족이 주요한 문제이다. 여성들은 가까운 가족의 폭력을 피하려고 일시적으로 가정을 떠나거나 주변에 도움을 청하는 등 여러 방법을 사용하지만 국가나 지역 차원의 법적 제도, 사회 안전망이 존재하지 않아서 큰 어려움을 겪는다.[27] 상대적으로 르완다에 비해 여성 단체가 많기 때문에 가정 폭력을 경험한 여성들이 도움받을 곳들은 있다. 하지만 연구에 따르면 가정 폭력 '전문가'도 대부분 젠더 교육을 제대로 받지 못했거나 사회 분위기에서 오는 압박에 의한 두려움으로 실질적인 도움을 주는 것이 어렵다고 답한다.[28] 법적 제도의 필요성과 더불어 여성의 역할에 대한 관습적 이해에서 벗어나는 것도 해결 방안으로 여겨진다.

---

25 Burnet. (2011). "Women Have Found Respect: Gender Quotas, Symbolic Representation and Female Empowerment in Rwanda" (2011). Anthropology Faculty Publications. 3, p. 314

26 Marissa B. Goldfaden, "Triumph over Tragedy: The Women's Movement of Rwanda Finds Success Post-Genocide", *Inquires Journal/Student Pulse 2*, no. 1 (2010).

27 Ibid.

28 Enrique Bonilla Algovia, Esther Rivas Rivero, and Rosa Martin Galvan, "Violencia De Género En Nicaragua : Percepciones De Las Profesionales De Los Centros De Atención a Mujeres Víctimas", *Investigación y Género. Reflexiones Desde La Investigación Para Avanzar En Igualdad : VII Congreso Universitario Internacional Investigación y Género,* 2018, pp. 88-98, 95.

표 6 | 가정 폭력에 대한 여성의 대응 방법 - 니카라과의 사례

가정 폭력에 대응 방법	%
자기방어	
안함	16%
자기방어 이후 가정 폭력 악화	18%
자기방어 이후 가정 폭력 해결	66%
도움요청	
외부에 도움 요청하지 않음	80%
외부에 도움 요청함	20%

출처: Women's Strategic Responses to Violence in Nicaragua

두 국가 모두 가정 가정 폭력이 젠더 문제 중 가장 중요하게 논의되고 있다. 이의 해결책으로는 'empowerment'를 중요하신다.[29] 르완다의 경우 교육의 부재로 인한 가정 폭력 문제 상황에 대한 인지 부족, 그리고 도시와 지방의 교육 기회의 간극 심화 등으로 가정 폭력의 위험에 노출 되어 있다. 니카라과는 여성 단체 증진과 여성운동이 활발하게 이루어지고 있으며, 꾸준한 교육으로 여성들의 권익 보호에 대한 이해도는 높아졌으나 공식적 법 제도의 부족으로 인해 어려움을 겪고 있다. 두 국가의 차이를 아래의 표 〈표 4〉에서 볼 수 있다.

아래 표는 SIGI에서 가정 폭력domestic violence 범주에서 인용한 정보이며 법은 1에 가까울수록 여성을 가정 폭력으로부터 보호하는 법의 제정이 잘 되어 있는 것을 의미하며 반대로 0은 여성을 폭력으로부터 보호하는 법이 많이 제정되어 있지 않은 것을 의미한다. 법적 수치로는 르완다가 니카라과보다 나은 수치를 보인다0.50>0.25. 하지만 실제로 가정 폭력 경험이 있는 여성의 비율을 보면 르완다는 34.4, 니카라과는 22.5로, 니카라과

29 Joseph Ntaganira et al., "Factors Associated with Intimate Partner Violence among Pregnant Rural Women in Rwanda", *Rural and Remote Health*, 2009, https://doi.org/10.22605/rrh1153.

의 가정 폭력 발생 빈도가 더 낮음을 알 수 있다. 가정 폭력에 대한 수용적 태도를 가진 여성의 비율을 보면 상대적으로 교육의 결핍을 겪는 르완다는 41.4%의 여성이 특정 상황에서 남성이 여성에게 저지르는 가정 폭력을 받아들인다고 대답한 반면, 니카라과는 13.7%로 르완다보다 낮은 비율의 여성이 가정 폭력을 수용한다. 즉, 두 국가 공통적으로 여성 권익 보호를 위해 empowerment 문제의 해결이 시급하지만, 르완다는 자발적 여성운동과 교육을 통한 여성 권익에 대한 인식 증진, 니카라과는 법 제정의 필요가 더 높다고 할 수 있다.

표 7 | 국가별 가정 폭력 법 제도와 관습

	법	수용적 태도를 가진 여성의 비율	가정 폭력 경험 여성의 비율
스위스	0.75	15.2	9.8
멕시코	0.50	5	14.1
대한민국	0.25	18.4	16.5
남아프리카 공화국	0.50	61.2	20.6
독일	0.75	19.6	22.0
니카라과	0.25	13.7	22.5
영국	0.75	10.2	29.0
르완다	0.50	41.4	34.4
미국	0.50	11	35.6

출처: SIGI 2019

결론

니카라과와 르완다 모두 권위주의 체제임에도 불구하고 법과 정치적 치 원에서 여성 권익이 세계 상위에 속해 있다. 정치 및 경제 시장 참여 자유도, 교육 및 건강 시스템 접근성 등의 객관적인 기준으로 비교했을 때 르완다와 니카라과 각각 Global Gender Gap Index 기준 세계 7위와 12위의 높은 순위에 속한다. 그러나 관습적인 가정 폭력, 토지 소유권 등의 사회적 분야를 평가 기준에 포함하면 아래 〈표 5〉에서 볼 수 있듯 각각 160위와 128위로 하위권으로 내려간다. 이처럼, 법적으로는 두 국가 모두 여성 권익 보호가 잘 이루어지고 있다고 평가할 수 있지만 관습적인 부분에서는 그렇지 못하다. 즉, 법과 관습 사이의 괴리가 큰 것이 두 국가 모두에 오히려 문제가 될 수 있다. 법적으로 너무 앞서 나간 것이 관습을 따라가지 못하게 한다고 평가할 수 있다.

그러나 두 국가 사이에도 차이는 존재한다. 르완다는 위로부터 주도한 법 제정에 의해 여성 권익 보호가 시작된 반면, 니카라과는 여성의 자발적이고 적극적인 운동을 통해 획득한 권리이다. 여성의 적극적인 참여의 차이로 시작되어 현재까지도 여러 사회 분야를 보면 니카라과는 자발적 여성운동과 교육으로 관습이 법에 수렴하고 있으나 이러한 움직임이 부족한 르완다는 그렇지 못하며 법과 관습 사이의 괴리가 여전하다. 이처럼 두 국가 모두 여전히 법이 관습보다 앞서고 있지만 상대적으로 니카라과는 그 간극을 좁혀 가고 있다.

표 8 | Gender Inequality Index

순위	국가명	1995	2005	2015	2019
2	스위스	0.117	0.073	0.047	0.025
6	독일	0.156	0.117	0.076	0.084
13	영국	0.230	0.200	0.147	0.118
17	미국	0.305	0.263	0.238	0.204
23	대한민국	0.280	0.110	0.076	0.064
74	멕시코	0.485	0.430	0.347	0.322
100	보츠와나	0.568	0.512	0.481	0.465
114	남아프리카공화국	0.490	0.464	0.419	0.406
128	니카라과	0.626	0.518	0.442	0.428
160	르완다	0.583	0.495	0.412	0.402

출처: SIGI 2019

참고문헌

논문, 발간물

Abbott, P., & Malunda, D.(2015). The promise and the reality: Women's rights in Rwanda. *SSRN Electronic Journal.* https://doi.org/10.2139/ssrn.2710729

Abbott, P., Mugisha, R., & Sapsford, R.(2018). Women, land and empowerment in Rwanda. *Journal of International Development.* https://doi.org/10.1002/jid.3370

Algovia, Enrique Bonilla, Esther Rivas Rivero, and Rosa Martin Galvan. "Violencia De Género En Nicaragua : Percepciones De Las Profesionales De Los Centros De Atención a Mujeres Víctimas. 2018", *Investigación y género. Reflexiones desde la investigación para avanzar en igualdad : VII Congreso Universitario Internacional Investigación y Género*

Aldashev, Caara et al,(2012) "Using the Law to change the custom", Journal of Development Economics 97 pp. 182-200

Almeida, Paul D., and Ilja A. Luciak. 2003. "After the Revolution: Gender and Democracy in El Salvador, Nicaragua, and Guatemala", *Contemporary Sociology 32*, no. 2, 214

Andersson Djurfeldt, Agnes. 2020. "Gendered Land Rights, Legal Reform and Social Norms in the Context of Land Fragmentation - a Review of the Literature for Kenya, Rwanda and Uganda", *Land Use Policy* 90: 104305

Bayisenge, J., Höjer, S., & Espling, M.(2014). Women's land rights in the context of the land tenure reform in Rwanda - the experiences of policy implementers. *Journal of Eastern African Studies, 9*(1), 74-90. https://doi.org/10.1080/17531055.2014.985496

Bentrovato, D. (2015). Rwanda, Twenty Years on. *Cahiers D'études Africaines,* (218), 231-254. https://doi.org/10.4000/etudesafricaines.18095

Berry, M. E. (2015). From violence to mobilization: Women, war, and threat in Rwanda*. *Mobilization: An International Quarterly, 20*(2), 135-156. https://doi.org/10.17813/1086-671x-20-2-135

Berry, Marie E. 2015. "When 'Bright Futures' Fade: Paradoxes of Women's Empowerment in Rwanda", *Signs: Journal of Women in Culture and Society* 41, no. 1, 1-27

Blandón, María Teresa. 2018. "Relación Del Movimiento De Mujeres y Feminista Con El Movimiento y Gobierno Sandinistas De Nicaragua Durante Los Últimos 40 Años", *Monograma. Revista Iberoamericana de Cultura y Pensamiento*, 97-128

Burnet, J. E. (2011). Women have found respect: Gender quotas, symbolic representation, and female empowerment in Rwanda. *Politics & Gender,* 7(03), 303-334. https://doi.org/10.1017/s1743923x11000250

Chaguaceda, Armando. 2011. "El Movimiento De Mujeres y Las Luchas Sociales Por La Democratización En La Nicaragua Postrevolucionaria (1990-2010)", *Encuentro*, no. 89, 39-6.

Cullen, C. (2020). Method matters: Underreporting of intimate partner violence in Nigeria and Rwanda. *Policy Research Working Papers*. https://doi.org/10.1596/1813-9450-9274

Debusscher, P., & Ansoms, A. (2013). Gender Equality Policies in Rwanda: Public relations or real transformations? *Development and Change, 44*(5), 1111-1134. https://doi.org/10.1111/dech.12052

Dutt, A., & Grabe, S. (2019). Understanding processes of transformative change: A qualitative inquiry into empowering sources and outcomes identified by women in rural Nicaragua. *Sex Roles, 81*(7-8), 487-504. https://doi.org/10.1007/s11199-019-1005-1

Ellsberg, M C. 2001. "Women's Strategic Responses to Violence in Nicaragua", *Journal of Epidemiology & Community Health* 55, no. 8, 547-55

Ellsberg, M., Quintanilla, M., & Ugarte, W. J. (2022). Pathways to change: Three decades of feminist research and activism to end violence against women in Nicaragua. *Global Public Health*, 1-18. https://doi.org/10.1080/17441692.2022.2038652

Goldfaden, Marissa B. 2010. "Triumph over Tragedy: The Women's Movement of Rwanda Finds Success Post-Genocide", *Inquires Journal/Student Pulse* 2, no. 1

González, Victoria, 2001, "Somocista Women, Right-Wing Politics, and Feminism in Nicaragua, 1936-1979", Radical Women in Latin America: Left and Right, University Park, Pennsylvania State University Press, pp. 41-78.

La Mattina, G. (2017). Civil conflict, domestic violence and intra-household bargaining in post-genocide Rwanda. *Journal of Development Economics, 124*, 168-198. https://doi.org/10.1016/j.jdeveco.2016.08.001

Mzvondiwa, C. N. (2007). The role of women in the reconstruction and building of Peace in Rwanda: Peace prospects for the Great Lakes Region. *African Security Review, 16*(1), 99-106. https://doi.org/10.1080/10246029.2007.9627637

Neumann, P. (2017). When laws are not enough: Violence against women and bureaucratic practice in Nicaragua. https://doi.org/10.31235/osf.io/6gw4c

Nguyen, T. T., Darnell, A., Weissman, A., Frongillo, E. A., Mathisen, R., Lapping, K., Mastro, T. D., & Withers, M. (2020). Social, economic, and political events affect gender equity in China, Nepal, and Nicaragua: A matched, interrupted time-series study. *Global Health Action, 13*(1), 1712147. https://doi.org/10.1080/16549716.2020.1712147

Ntaganira, Joseph, Adamson Muula, Seter Siziya, Carleen Stoskopf, and Emmanuel Rudatsikira. 2009. "Factors Associated with Intimate Partner Violence among Pregnant Rural Women in Rwanda", *Rural and Remote Health*,

Polavarapu, A. (2011). Procuring meaningful land rights for the women of rwanda. Yale Human Rights & Development Law Journal, 14(1), 105-154.

Pritchard, M. F. (2013). Land, power and peace: Tenure formalization, agricultural reform, and livelihood insecurity in rural Rwanda. *Land Use Policy, 30*(1), 186-196. https://doi.org/10.1016/j.landusepol.2012.03.012

Ravnborg, Helle Munk, Rachel Spichiger, Rikke Brandt Broegaard, and Rasmus Hundsbæk Pedersen. 2016. "Land Governance, Gender Equality and Development: Past Achievements and Remaining Challenges", *Journal of International Development* 28, no. 3, 412-27

REYNTJENS, F. (1996). Rwanda: Genocide and beyond. *Journal of Refugee Studies, 9*(3), 240-251. https://doi.org/10.1093/jrs/9.3.240

Salud mental y miedo a la separación en mujeres víctimasde violencia de pareja. (2020). *Revista Iberoamericana De Psicología y Salud, 11*(1), 54. https://doi.org/10.23923/j.rips.2020.01.035

Schwartz, R. A. (2022). Rewriting the rules of land reform: Counterinsurgency and the property rights gap in wartime Nicaragua. *Small Wars & Insurgencies,* 1-26. https://doi.org/10.1080/09592318.2022.2033497

Social Institutions and Gender Index (SIGI). 2021.

Verduin, Femke, Esther A. Engelhard, Theoneste Rutayisire, Karien Stronks, and Willem F. Scholte. 2012. "Intimate Partner Violence in Rwanda", *Journal of Interpersonal Violence* 28, no. 9,1839-58

온라인 자료

미국국제개발처, UNAIDS. https://www.unaids.org/en

주니카라과 대한민국 대사관, "니카라과 정부의 양성 평등정책 정치/외교",

The Demographic and Health Surveys. USAID DHS Program. https://dhsprogram.com

Food and Agriculture Organization of the United Nations. https://www.fao.org/gender-landrights-database/data-map/statistics/en/

Freedom House Index. https://freedomhouse.org

Global Gender Gap Report 2021. World Economic Forum.

Human Development Reports. | Human Development Reports. 2021

National Institue of Statistics of Rwanda. https://statistics.gov.rw/publication/rwanda-household-survey-20192020

UN Women. https://data.unwomen.org/

Welcome to GMO. https://www.gmo.gov.rw/.

World Bank Data. https://data.worldbank.org/indicator/NY.GDP.MKTP.KD.ZG

뉴스 기사

Campoy, A. (n.d.). *Nicaragua, the world's unlikely champion of Gender Equality*. Quartz. Retrieved September 9, 2022, from https://qz.com/556722/nicaragua-the-worlds-unlikely-champion-of-gender-equality/

Takeo, E. (2021, November 4). *Women's struggle in Nicaragua: From Liberation Fighters to building an alternative society*. Peoples Dispatch. Retrieved September 9, 2022, from https://peoplesdispatch.org/2021/11/04/womens-struggle-in-nicaragua-from-liberation-fighters-to-building-an-alternative-society/

• 김종섭

시카고 대학교에서 경제학 박사학위를 취득하였으며, 현재 서울대학교 국제대학원에서 교수로 재직하고 있다. 주된 관심 분야는 국제 통상, 국제개발경제, 중남미이다. (연락처: chongsup@snu.ac.kr)

• 박효진

서울대학교 국제대학원에서 국제개발협력 석사학위를 취득하였으며, 현재 유니세프 콜롬비아 사무소에서 기후변화 전문가로 일하고 있다. 주된 관심 분야는 국제개발, 환경, 기후변화이다. (연락처: hyopark@unicef.org)

2장 S자 다중 균형 모형 적용을 통한 조혼에 관한 양적 연구

: 지역별(남아시아, 아프리카, 중남미) 비교 분석을 중심으로*

김종섭**, 금유진***

서론

코로나19 팬데믹이 급속도로 퍼지면서 전 세계적으로 여아를 대상으로 한 조혼이 가속화되고 있다Alqahtani & Alqahtani, 2022, p. E6. 조혼은 결혼 당사자 중 적어도 한 명이 18세 미만일 경우로 정의되고 있기에 따로 성별을 나누지는 않지만 대부분 여아를 대상으로 자행되고 있기에 여성 의제로 분류한다. 조혼은 보통 여아 본인의 선택이 아니라 부모나 연장자 혹은 공동체에 의해 강제적으로 이루어지는 전근대적 풍습이다. 자유에 대한 침해일 뿐 아니라 여아의 신체적, 심리적 건강 악화 등 다양한 부작용

---

* 본 연구는 서울대학교 국제대학원 4단계 BK21 교육연구단『국제지역과 개발의 다학제적 연구를 통한 교재개발』의 지원을 받아 수행되었으며, 「중남미연구」제42권 제1호(2023)에 게재된 논문을 수정·보완한 것입니다.

** 서울대 국제대학원 교수

*** 서울대 국제대학원 석사과정

을 일으킨다. 조혼으로 인해 발생하는 다양한 부작용 탓에 대부분 국가가 법적으로 조혼을 엄격히 금지하고 있다. 하지만 여전히 특정 지역에서 조혼은 높은 비율로 발생하고 있다. 특히 아프리카, 남아시아, 중남미 지역에서는 매우 높은 조혼 비율을 보고하고 있다. 그동안의 연구에서는 특정 국가나 지역을 정하여 조혼의 원인이나 영향을 분석하였지만, 조혼율이 높은 지역 간 비교 연구는 진행되지 않았다. 따라서, 본 연구에서는 지역별로 대표적인 한 나라씩 총 세 국가를 비교 연구하며, 조혼의 원인에 관해 분석하고 지역 간 공통점과 차이점도 분석하고자 한다. 각 대륙에서 조혼 비율이 높게 나타나는 방글라데시, 니제르, 그리고 온두라스를 선택하여 각 나라의 조혼 특성과 원인에 대해 비교 분석한다. 그리고 사회 변화를 설명하는 이론적 분석틀을 사용하여 조혼이 각 나라에서 현재까지도 만연하게 나타나는 이유를 설명하고자 한다. 이를 통해, 지역별 조혼 원인과 해결 방법을 고찰할 수 있을 것으로 기대한다.

연구의 구조는 다음과 같다. 먼저, 조혼에 관한 선행 연구와 이론틀을 정리한다. 그 후, 지역별로 선택한 세 나라 방글라데시, 니제르, 온두라스 의 조혼 상황에 관해 분석하고자 한다. 이를 양적 연구틀에 적용하여 각 나라에서 조혼이 여전히 성행하는 이유를 분석하고 공통점과 차이점을 비교 분석한다. 이러한 분석을 바탕으로 개발도상국에서 만연하게 발생하고 있는 조혼의 근절을 위해 앞으로 어떤 접근방식을 활용해야 할지 고찰하며 연구를 마무리한다.

이론적 배경

조혼

조혼은 결혼 구성원 중 적어도 한 명이 18세 미만일 경우의 결혼으로 정의된다UN OHCHR, 2017, p.5. 조혼은 공식적 결혼뿐만 아니라 비공식적 결합동거를 의미도 포함한다. 조혼은 성별과 관계없이 일어나는 문제이지만, 통계적으로 여아의 조혼 비율이 남아에 비해 현저히 높기에 여성 의제로 여겨진다Arthur et al., 2018, p. 51. 조혼은 국제사회에서 심각한 인권 침해 문제로 관심을 주목받아왔으며, 그 심각성이 지난 몇십 년간 강조되었다. 조혼은 특히 개발도상국에서 더욱 심각하게 보고되고 있다. 사하라 이남 아프리카약 40%와 남아시아약 45%에서 보편적으로 나타나고, 중남미약 34%에서도 여전히 조혼율이 꽤 높게 보고된다UNICEF, 2021, p. 13. 그중에서도 가난하고, 교육율이 낮고 낙후된 지역에서 높게 나타나고 있다Paul, 2019, pp. 18-20. 심지어 코로나19 팬데믹이 악영향을 끼치면서 향후 10년간 더 많은 여아들이 조혼을 강요당할 것으로 예상된다Alqahtani & Alqahtani, 2022, p. E6.

조혼은 여아의 건강과 권리를 심각하게 해치며 삶의 모든 방면에 악영향을 끼친다. 여아는 조혼으로 학업을 중도에 그만두면서 직업을 구하기 어려워 경제적으로 자립할 수 없게 된다Hampton, 2010, p. 510. 이른 나이에 원치 않은 임신과 출산을 경험하면서 미성숙한 신체에 악영향을 받고 심하게는 죽음에까지 이른다. 또한, 파트너로부터의 폭력에 노출될 가능성을 높이고, HIV와 같은 성적 질병에 걸릴 위험을 크게 만든다Godha et al., 2013, p. 552. 조혼에 관한 선행 연구는 그동안 꾸준히 진행되었다. 먼저, 가난이나 경제적 부담, 지참금 등의 요인이 조혼을 일으킨다는 주장이 대표적이다Parsons et al., 2015, p. 17. 다른 연구자는 여아들의 낮은 교육 진학률을 조혼의 원인으로 제시하였다. 이들은 여아를 학교에 머무르게 하였더니 조혼이 유의미하게 줄어들었다는 결과를 증거로 제시하였다Male & Wodon, 2018, p. 272. 반면 전통적인 가부장제 문화, 사회적 규범이 계속해서 전승되면서 조혼이 여아에게 강요된다는 연구 결과도 있었다Raj et al., 2014, p. 1183. 이외에도 민족, 종교적 차이, 미비한 법 등이 조혼의 원인으로 제시되었다Kohno et al., 2019, p. 6.

이처럼 다양한 원인이 제시되었으나, 그 범주가 넓고 독립적이기에 합의에 다다르지 못하였다. 이는 대부분의 선행 연구가 효과적으로 조혼 요인을 연구하였으나, 특정 지역의 특정한 국가 사례를 대상으로 진행되어 보편적으로 적용하기에는 한계점이 존재하기 때문이다. 따라서, 본 연구는 조혼이 성행하는 세 지역에서 대표적인 나라를 선정하여 비교함으로써 이들이 공통으로 지닌 조혼 원인 요인을 제시하고자 한다. 이에 따라 보다 보편적이고 기저에 있는 만연한 조혼을 유지해온 요인을 찾을 수 있을 것이라 기대한다.

S자 다중 균형 모형(S-shaped multiple Equilibria model)

한 사회의 문화적 규범은 긴 논의와 조정의 시간을 거쳐 균형 상태에 다다른 결과이다. 문화적 규범이 변화하는 매커니즘을 설명하기 위해 본 연구에서는 다중 균형 모형을 이용한다. 특히 다중 균형 이론 중에서도 가장 보편적으로 다루어지는 S자 다중 균형 모형 이하 S자 모형 을 사용하여 각 나라에서 조혼에 기여한 사회 요인을 분석하고 현재까지 조혼이 만연한 이유를 알아본다. S자 모형은 총 2개 수식을 사용하여 문화적 규범의 변화를 설명한다. 두 가지 수식은 각각 왜 조혼에 대한 기대치와 실제치의 관계가 S자 모양으로 형성되는지, 사회가 S자 커브상에서 어떤 매커니즘을 따라 움직이는지를 설명한다.

$$r = f(e)$$
$$\dot{e} = \mu(r - e)$$

r은 조혼의 실제치를 의미하고, e는 사람들이 생각하는 조혼율의 기대치를 의미한다. $\dot{e}$는 기댓값의 변화를 의미하며, μ는 변화 속도를 나타내

는 상수이다. 첫 번째 식은 S자 커브의 형태를 나타내며 다음과 같은 의미를 지닌다. 조혼에 대한 기대치가 높을 때 사람들은 조혼을 많이 한다. 그러나 사람들이 조혼이 만연하다고 생각하더라도 실제로는 조혼을 하지 않는 사람이 존재한다. 이를 나타내는 점이 ①이다. 사람들이 조혼이 조금 줄어들었다고 생각할 시점에서 조혼의 기대치가 낮아짐 초반에는 조혼율이 크게 감소하지는 않는다. 그만큼 사회적 규범에서 벗어나기 쉽지 않기 때문이다. 만약 조혼이 많이 감소하였다고 사람들이 생각하게 된다면 기대치가 많이 낮아짐 그때부터는 실제 조혼도 급격하게 줄어든다. 조혼이 상당한 정도로 떨어진 이후에는 조혼 기대치가 더 떨어지더라도 실제 조혼율이 더 떨어지기는 어렵다. 이미 대부분의 사람은 조혼하지 않는 한편 조혼에 대한 강한 신념을 가진 사람들이 여전히 존재하기 때문이다. 이에 따라 조혼의 기대치와 실제치는 S자 모양을 하고 있는 것이다.

그림 1 | 조혼에 대한 S자 모형

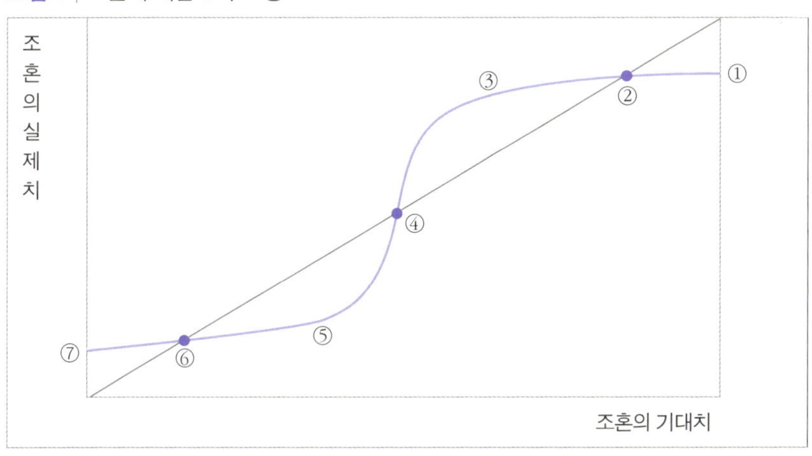

출처 : Todaro & Smith(2009, pp. 159-162) 재구성

이 모형에서 균형은 실제치와 기대치가 같아지는 상태를 의미하며 실

제치와 기대치가 같은 45°선 상에 있어야 한다. 만약에 실제치가 기대치와 다르다면 사람들이 기대를 수정하여야 하기에 사회가 균형점에 있다고 볼 수 없다. 따라서 점 ②, ④, ⑥이 균형점이며, 즉, 복수 균형이 존재한다고 할 수 있다.

두 번째 식은 사회가 S자선 상의 어느 한 점에 있을 때 사회가 어느 쪽으로 움직이는가를 보여준다. 만약 사회가 점 ③ 같이 45°선 위쪽에 있다면 r이 e보다 크기에 $\dot{e}$는 양+이 되고 사회는 e가 커지는 방향, 즉 오른쪽으로 움직이게 된다. 하지만 사회가 균형점 ②에서 조금 왼쪽으로 움직였다고 해서 거기에 머무르지 않으며 다시 균형점 ②으로 돌아오게 된다. 따라서 균형점 ②는 안정적 균형점이라고 할 수 있다. 점 ⑥도 같은 논리로 안정적 균형점이다. 하지만 점 ④의 경우, 사회가 점 ④에서 조금이라도 벗어나면 점 ④로 돌아오지 않고 화살표를 따라 더 멀어지기 때문에 불안정한 균형점이다. 이 모형에서 사회란 같은 사회적 규범을 공유하는 사회공동체를 이야기한다. 즉, 집단이 분석단위이다. 따라서 한 나라 안에서도 공동체에 따라 사회적 규범이 다르다면 균형점은 달리 나타날 수 있다. 어떤 공동체에서는 사람들의 인식이 바뀜에 따라 균형점이 옮겨 가며 규범의 변화가 발생하는 반면, 사회 문화적 교류가 없는 옆 공동체에서는 기존 균형점에 고착되는 경우도 생겨날 수 있다.

조혼의 경우를 대입하여 생각해 보면 두 개의 안정적 균형점이 사회에 존재할 수 있다. 조혼에 대한 기대치가 크고 대부분 조혼을 하는 균형점 ②와 반대로, 조혼이 별로 없다고 대부분 생각하고 또 실제로 조혼이 별로 없는 균형점 ⑥이 존재한다. 두 안정적 균형점 중간에는 불안정한 균형점도 하나 존재한다. 균형점 ②에서 사람들은 남들이 모두 조혼을 한다고 여기고 실제로 남들이 대부분 조혼을 하기 때문에 나도 조혼해야 한다고 생각한다. 그러고 나서 실제로 조혼을 하게 된다면 나도 기대치를 높이는 데 기여하게 된다. 균형점 ⑥에서는 사람들이 조혼이 별로 없다고 생각하고 실제로도 별로 없다. 균형점 ②와 ⑥을 안정적으로 만드는 사회 규범적 이유를 더 자세하게 설명하면 다음과 같다. 한 여성이 조혼할 것인가 안 할 것인가는 어느 쪽을 선택하는 것이 나에게 더 많은 편익을 주는가에 달려 있다. 조혼을 한다면 나이 든 남편과 살게 되고, 그 사회에서는 평범한 그러나 힘든 생활을 할 것이다. 조혼을 하지 않는다면 아마도 여성은 교육을 더 받고 보다 나은 사회생활을 할 수도 있지만, 한편으로는 본인뿐 아니라, 온 가족이 사회적 비난을 받고 이를 감수하여야 할 것이다. 문제는 이러한 사회적 비난의 무게에 있다. 만약에 균형점 ②에서와 같이 대부분 조혼을 한다면 일탈자는 많은 사람에게 비난받을 것이고 그 수위도 높을 것이다. 따라서 대체로 균형점 ② 사회의 사람들은 비난의 무게를 이기지 못하고 조혼을 하게 될 것이다. 그러나 균형점 ⑥에서는 조혼에 대한 기대치가 낮기에 조혼을 하지 않더라도 비난하는 사람이 많지 않고, 있더라도 그 수위가 높지 않을 것이다. 이처럼 조혼으로부터 받을 수 있는 편익에 비해서 감당할 비용이 별로 없으므로 대부분 조혼을 하지 않게 된다. 결과적으로 균형점 ②에서 ⑥으로 이동하기 위해서, 즉 조혼을 뿌리 뽑기 위해서는 사회적 비난의 무게를 극복해야 한다. 조혼은 사회에서 오랫동안 지속되어 온 문화이기에 사회적 압박의 수위가 가볍지 않다. 이런 이유로, 변화를 이끌어내기 위한 개입이 충분해야 하는데 대표적인 것이 정책 시행, 법 개정 등 중앙정부의 적극적인 개입이다. 예를 들어 법 개정은 국가의 시스템을 바꾸는 행위로 변화를 일으키는 강제적 수단으로서 그 효과성이 다른 수단에 비해 뛰어나다. 법을 개정하여 사회 구성원들이 변화된 규범에 맞게 행동하도록 강제하면서 그 변화에 대한 기대치를 높여준다. 결국, 법은 다른 균형점으로 이동시킬 수 있는 효과적인 수단이 된다.

정리하자면, S자 모형에 따르면 한 사회 내 존재하는 균형점의 이동을 촉진하는 요인과 방해하는 요인이 있다. 촉진 요인에는 정부의 개입과 법 개정 등이 존재하고, 방해 요인으로는 사회적 비난의 무게를 강화하는 전통적 규범의 순응 정도, 공동체 사회의 강직성 등이 해당한다. 따라서, 다음 부분에서는 이러한 촉진 및 방해 요인을 중심으로 관찰 및 분석하고, 그 결과를 S자 모형에 적용하여 양적 방법으로 세 나라를 비교하고자 한다.

지역별 조혼 분석

방글라데시, 니제르, 온두라스는 각각 남아시아, 아프리카, 중남미에서 대표적으로 조혼을 높게 보고하는 나라이다. 방글라데시는 과거 조혼율이 가장 높았던 국가이고, 니제르는 현재 가장 높은 국가이다. 또한, 온두라스는 지난 30년간 높은 조혼율의 변동이 가장 없던 국가이다. 따라서, 세 국가는 독립적으로도 조혼을 연구하기에 유의미할 뿐더러, 특히 서로 비교할 여지가 많다고 판단된다. 예를 들어, 법 측면에서 온두라스, 방글라데시, 니제르 순으로 조혼을 강력히 제재하고 있어 차이가 있지만, 법이 유효하게 작용하지 않는다는 점에서는 공통점이 있다. 또한, 세 나라에서 성차별적 전통 규범이 팽배하게 작용하고 있으나, 그 내용에서는 약간의 차이점을 보인다. 즉, 각각 조혼을 매우 높게 보고하고 있을 뿐 아니라, 서로 공통적이면서도 차별적인 사회 특성이 있었기에 비교할 여지가 충분하여 세 나라를 분석 대상으로 선정하였다. 이에 따라 현 부분에서는 각 나라의 기본적인 사회 특성 및 조혼 상황을 면밀히 조사 및 분석하여 조혼에 이바지하는 요인들을 정리하고자 한다.

방글라데시

방글라데시 인민공화국이하 방글라데시은 인구 약 1억 6,000만 명의 동남아시아 국가이다. 벵갈어를 공용어로 사용하고 국민 대부분이 벵갈인이다. 총인구의 약 89%가 이슬람교 신자이고, 정치, 경제, 사회 등 모든 방면에서 종교의 영향력이 큰 편이다. 방글라데시는 전통적인 농업 위주의 산업구조를 지니고 있으며, 노동인구의 약 40%가 농업에 집중되어 있다. 또한, 가부장적 제도가 만연하여 여성의 사회 참여도가 낮고 여성의 인권이 억압되어 있다Ferdaush & Rahman, 2011, p. 5. 마을 공동체 내에서의 단합력과 정체성이 높은 편이다. 특히 마을 공동체 수준에서 Murubbi[1]라고 불리는 지도자가 존재하며, 구성원들은 지도자의 의견을 따라야 한다. 이를 따르지 않는다면 제재가 가해지고 사회적 고립을 경험하게 된다. 사회 구성원들은 문화적 규범 위반에 따른 공동체 수준의 제재를 받아 명예가 떨어지는 것에 대해 민감하게 반응하고 두려워한다. 따라서 방글라데시의 사회, 문화적 요인을 조사할 때 공동체 수준에서의 분석 또한 시도해야 한다.

방글라데시는 약 60%의 조혼율을 보이며 아시아에서 가장 만연한 조혼을 보고하는 나라다. 이러한 조혼 비율은 〈표 1〉에서 나타나듯 도시와 지방에서 차이를 보이는데 이 원인에 관해서 다양한 연구가 진행되었다. 먼저, 경제적 측면에서 이익 창출이 가능한 지참금 풍습이 조혼을 지속시켜 왔다고 주장한 연구가 있다Chowdhury, 2010, p. 217. 돈을 벌 수 있는 통로가 다양한 도시에서보다 제한적인 지방에서 지참금 풍습이 더 보편적임을 근거로 제시하였다. 실제로 도시보다 지방에서 지참금 풍습이 빈번하게 목격된다. 하지만, 방글라데시의 지참금 풍습은 경제적 이득이 주요 목적

1 Murubbi는 벵골어로 수호자, 도와주는 사람 등으로 해석된다. 주로, 마을 공동체의 지도자를 Murubbi라고 부른다.

표 1 | 20-24세 중 18세 이전 결혼한 방글라데시 여성 현황

배경적 특성	20-24세의 여성 중:	
	18세 이전 결혼 비율	여성의 수
지역		
도시	54.6	1,275
지방	60.7	2,881
자본 수준(5분위수)		
매우 낮은	74.2	678
두 번째	63.9	769
중간	60.4	821
네 번째	55.7	938
가장 높은	45.4	952
교육 수준		
받지 않음	75.0	145
기초 교육 수료 X	75.1	555
기초 교육 수료	70.5	354
중등 교육 수료 X	73.5	1,671
중등 교육 수료 이상	30.8	1,436
총 합계	58.9	4,155

출처: NIPORT & ICF(2019, p. 4) 재구성

이라기보다는 전통적인 문화적 관습이 현재까지 이어져 온 것이라고 지적된다Biswas et al., 2019, p. 8.

〈표 1〉의 자본 수준 특성을 분석하면 임금 수준에 따라 차이가 존재한다. 하지만 자본 수준이 가장 높은 집단에서도 상당수의 여아가 조혼을 경험하고 있다. 따라서 방글라데시 내 조혼에 경제적 요인이 어느 정도 관여를 하는 것은 사실이나, 근본 원인이라고 해석할 수는 없다. 심지어 방글라데시에서 부의 정도가 조혼에 아무런 영향을 주지 않음을 지적하는 연구도 있다Maharajan et al., 2012, p. 28. 교육 수준에서 분석할 때 중등 교육

이상을 수료한 여성 집단에서는 상당히 조혼 비율이 낮아지는 현상이 관찰된다. 이는 어느 정도의 교육을 받은 여아일수록 본인 권리에 대한 인식이 높아 조혼을 회피할 가능성이 커지기 때문이라고 해석된다. 사실 여성의 권리가 낮은 방글라데시에서 부모가 가정 내 여아의 교육을 중등 교육 이상까지 지원한다는 것은 전통적 사고방식과 괴리가 크다. 이에 따라 전통적 사고방식을 벗어난 부모가 문화적 악습으로 이어져 온 조혼을 여아에게 강제할 가능성이 낮아져 이처럼 상대적으로 낮은 비율을 보일 것으로 추정된다. 2015년에 진행된 방글라데시 내 조혼 연구에서는 이슬람과 다른 종교를 비교한 결과, 이슬람 여아들의 조혼 비율이 유의미하게 더 높은 것을 발견했다Kamal et al., 2015, p. 134. 이러한 연구를 종합해보면 경제적 요인 역시 조혼을 유발하는 요인 중 하나이지만 방글라데시에서는 문화적, 종교적 규범이 근본 원인으로 보여진다. 그러므로 거주지에 따른 조혼 비율 차이도 상대적으로 경제적, 교육적 수준이 발달한 도시와는 달리, 현재까지 전통적 문화 규범을 고수하고 있는 지방의 특성 때문이라고 정리할 수 있다.

방글라데시 정부는 조혼 근절을 위해 대표적으로 조혼 방지를 위한 국가적 액션 플랜을 발표하였다. 또한, 여성과 아동에 대한 폭력을 위한 국가 지원 센터를 설립하고 성인지 예산 제도를 도입하였다. 아울러 방글라데시 정부는 2041년까지 조혼을 뿌리 뽑겠다고 발표하며 2017년에 법을 개정한 바 있다. 2017년 개정된 조혼방지법에서 결혼 허용 연령의 제한은 기존법과 같았지만, 처벌의 수위를 강화하였다는 점에서 차이가 있다. 기존법에서는 조혼이 적발되면 1개월 이하의 징역과 1천 타카 이하의 벌금을 부과하였는데, 2017년 개정법에서는 2년 이하 징역과 1,000타카 이하 벌금으로 그 처벌을 강화하였다. 하지만 새로이 포함된 예외 규정이 논란을 일으키고 있다. 조혼방지법은 특별한 상황에서 미성년의 편의를 위해 법적 혼인 연령 이하의 미성년이 결혼하는 것을 허락하는 조항[2]을 추가하였다UNICEF Bangladesh, 2017, p. 6. 입법부는 정확히 '특별한 상황'이 무엇인지 정의하지 않아 부모나 마을 지도자가 허락하면, 법정 혼인 연령에 도달하지 않아도 사실상 조혼이 가능하다고 해석된다. 심지어 개정법에 따라 향후 20년간 방글라데시 내 조혼 방지에 악영향을 줄 것이라는 연구가 발표되고 있다Biplab and Shahidul, 2022, p. 464. 실제로 2017년 법 개정 이후 방글라데시 내 조혼의 비율이 증가하는 '백래시 현상'이 목격되었다Amirapu et al., 2020, p. 8. 현재 방글라데시의 법은 그동안의 조혼 관습을 뿌리 뽑을 수 있도록 강력한 역량을 가졌다고 말할 수 없다.

이러한 사회 상황은 방글라데시의 성차별적인 문화 규범이 팽배하고 공동체적 응집성이 강한 사회적 특성에 의해 악화된다. 방글라데시는 가부장제와 전통적 이슬람교의 영향이 사회 전반에 퍼져 있다. 이로 인해 차별적인 성 역할을 당연시하고, 자연스럽게 남성이 지배하고 여성이 순종하는 구조를 받아들인다. 방글라데시의 여성은 집에만 머무는 것이 사회적으로 기대되는데 만약 외부 활동이 잦으면 공동체 지도자가 직접적으로 경고할 수 있다. 여아가 누리는 유일한 자유는 학교에 다니는 것이지만, 이마저도 쉽게 제한된다. 보편적으로는 등록금을 낼 형편이 안 되기 때문이다. 또한, 여아에 대한 성적 위협이 또다른 이유로 존재한다. 방글라데시의 마을은 근방에 학교가 없고 먼 거리를 통학해야 하는 경우가 대다수이다. 이때 등교하는 여학생을 성폭행하는 경우가 더러 발생한다.

---

2 방글라데시 조혼방지법 2017. 19항 전문 "Special Provision-Notwithstanding anything contained in any other provision of this Act, if a marriage is solemnized in such manner and under such special circumstances as may be prescribed by rules in the best interests of the minor, at the directions of the court and with consent of the parents or the guardian of the minor, as the case may be, it shall not be deemed to be an offence under this Act".

이에 대한 두려움은 부모들이 여아의 교육을 중단하고 집에만 머무르게 하는 것을 당연하게 여기도록 만든다.

또한, 방글라데시는 마을 공동체끼리 구심력이 강한 특성이 있다. 주로 전통적 교리를 체득한 연장자가 지도자 역할을 맡는데 그를 필두로 뭉쳐진 공동체는 높은 단합력을 자랑한다. 즉, 구성원이 서로 감시할 여지가 많아지며, 합의된 사회적 규범을 무시할 수 없는 억제력이 더욱 커진다는 부작용이 생겨난다. 따라서 기대되는 행동에 어긋나는 것에 대한 사회적 비난의 정도가 더욱 심해진다. 특히 서로 공유하는 명예에 대해 강한 집착을 보이는데, 방글라데시에서는 가정 내 여아의 순결 여부가 명예와 직결되고 있다. 여아가 결혼 전 순결을 잃게 되면 가정의 명예가 실추된다고 생각하고 공동체 내에서의 평판이 급격하게 하락한다. 이러한 상황 자체를 없애기 위해 차라리 방글라데시 부모들은 여아를 조혼하도록 내몰고 있다Akter et al., 2022, pp. 30-31.

정리하자면, 방글라데시 내 조혼은 이슬람교와 가부장적 제도하에 자리 잡은 성차별적 규범 때문에 지속된 것으로 보인다. 마을 공동체의 단합성이 강하고 그를 이끄는 지도자까지 존재하는 사회적 특성 때문에 개개인 수준에서 전통적인 사회 규범을 위반하는 데는 한계가 있다. 특히 방글라데시는 파트론-클라이언트 관계[3]가 사회 내부에 깊숙이 자리 잡았다고 평가받는다. 이에 따라 마을 지도자의 영향력이 구성원에게 크게 작용한다고 볼 수 있다. 이를 사마즈samaj라고 호칭하는데 이러한 전통은 현재의 시스템을 굳건히 유지하려 한다정용균, 2020, p. 142. 결국 국가 차원에서 주도적인 역할이 필요한데 방글라데시 중앙정부는 조혼 문제 해결에 미

---

3 방글라데시의 사회 깊숙이 스며든 파트롱-클라이언트 관계는 후견인이 고객의 뒤를 봐주는 제도로, 남아시아 지역에 오랜 전통으로 내려오는 특성이다. 본래 근로자와 후견인의 관계를 설명하지만, 마을 지도자와 구성원 간 추종적 계층 질서도 설명한다.(정용균, 2020, p. 142)

온적인 태도를 보인다. 2017년에 개정된 조혼방지법도 조혼 방지에 있어서 강력한 영향력을 행사할 것으로 보이지 않는다. 즉, 미온한 정부 태도, 효과적이지 않은 법, 성차별적 전통 규범, 공동체적 응집성 요인이 방글라데시의 조혼을 유지하고 있다.

니제르

니제르 공화국이하 니제르은 아프리카에 있는 인구 약 2,240만 명의 나라이다. 니제르는 인구의 절반 이상을 차지하는 하우사족을 비롯해 다수의 종족으로 구성된 국가이다. 총인구의 약 80%가 이슬람교 신자이다. 인구 대부분이 농업에 종사하며, 농업이 GDP의 40%를 차지한다The World Bank, 2022. 현재 니제르는 끊임없는 분쟁과 급격한 기후변화로 인해 고통받고 있다. 농업 종사 인구가 대부분인 니제르의 특성상 이러한 환경에 취약할 수밖에 없고, 특히 총인구의 41.8%가 절대 빈곤에 처해 있기에 이는 니제르 국민에게 더욱 부정적인 영향을 미치고 있다. 다수의 국민이 이슬람교 신자인 만큼 니제르 사회 전반에 종교가 미치는 영향이 크다. 또한, 니제르는 전통적인 가부장제 사회로 성불평등지수가 가장 높은 국가 중 하나에 해당한다. 여성들의 사회적 지위가 낮으며 남성이 우세한 구조를 지니고 있다. 또한, 마을 단위로 공동체를 이루고 있으며, 공동체 수준에서의 단합력이 크다. 각 공동체에서의 지도자와 독자적인 규범이 존재하며 이를 위반하면 각종 제재가 뒤따른다. 따라서 니제르에서도 마을 공동체 수준에서의 분석이 중요하다.

니제르는 아프리카에서만 아니라 세계적으로 가장 심각한 조혼 비율을 보인다. 약 75% 이상의 여아가 18세 미만에 결혼하고, 심지어 15세가 되기 전 결혼한 여아의 비율은 25%에 이른다UNICEF Niger, 2020, p. 1. 게다가 니제르의 20-24세의 여성 중 약 44%가 18세 미만에 처음 출산을 경험하며,

표 2 | 18세 이전 결혼한 20-24세 니제르 여성 현황

배경적 특성	20-24세 여성 중: 18세 이전 결혼 비율(%)
지역	
도시	44.0
지방	85.0
자본 수준(5분위수)	
매우 낮은	83.3
두 번째	83.4
중간	85.9
네 번째	84.8
가장 높은	51.2
교육 수준	
받지 않음	84.0
기초 교육 수료	67.0
중등 교육 수료 이상	32.0
총 합계	76.0

출처: Save the Children UK(n.d., p. 1) 재구성

이는 세계에서 가장 높은 수준이다. 니제르는 법정 혼인 연령을 15세 이상으로 정의하여 여아들의 조혼을 법적으로 허가한 몇 안 되는 나라 중 하나에 해당한다. 더군다나 부모의 동의를 받을 시, 15세 이전의 여아가 결혼할 수 있다는 예외 조항을 포함하여 사실상 모든 여아의 조혼을 법적으로 허용한다. 법정 혼인 연령을 18세로 상향하려는 개정 시도가 있었으나, 전통적 집단에 의해 불발되었다.

〈표 2〉에서 확인할 수 있듯이 니제르는 도시와 지방 간 조혼 비율이 약 40%p로 차이가 크다. 이는 마을 공동체 수준에서의 사례 연구에서 자세하게 드러난다. 먼저 지역별 진행한 조혼 비교 연구를 보면 하우사 족이 거주하는 동쪽 지역은 결혼 연령이 상당히 낮았지만, 제르마 족이 많이 거주하는 서쪽 지역은 상대적으로 높았나Shakya et al., 2020, p. 7. 민족별 조

혼 비교 연구에서는 하우사족의 조혼이 가장 높게 보고된 반면, 투아레그족은 조혼율이 낮게 보고되었다Fenn et al., 2015, p. 22. 두 연구에서 공통적으로 지적하는 하우사족이 많이 사는 지역은 농업 종사 인구가 대부분이고 높은 빈곤율을 보이며, 경제적으로 불안정한 특징이 있다. 따라서 경제적 요인이 여아를 조혼시키는 가장 큰 이유로 조사되었다. 하지만 〈표 2〉를 보면 자본 수준이 최상위인 집단에서도 조혼은 여전히 높았다. 따라서 가난만이 니제르 내 만연한 조혼을 설명할 수 있는 요인은 아니다.

니제르 정부는 만연한 조혼을 막기 위해 여러 프로그램을 진행해왔다. 여아들이 의견을 내고 마을 공동체에 참가할 수 있도록 사회적 지위를 높이는 것을 목표로 한 UNFPA-UNICEF 프로그램을 2018년에 진행하였다. 그 외에도 2017~2021 국가적 젠더 평등 전략, 이른 임신을 줄이기 위한 2018년 국가적 영양 보건 정책, 젠더 기반 폭력을 막기 위한 국가적 성 평등 전략 등을 발표하였다. 하지만, 구체적인 액션 플랜은 없었다Deane, 2021, p. 14. 이외에도 니제르는 여성의 권리에 관한 인간 권리를 다루는 아프리카 헌장인 '마푸토 의정서' 체결을 거부한 바 있다Lagoutte et al., 2014, p. 13. 이러한 점을 종합했을 때, 니제르 정부가 조혼 대응에 적극적인 자세를 취하고 있다고 볼 수 없다.

니제르는 조혼을 합법화하고 있다. 여아의 결혼 연령을 18세로 높이려는 시도가 있었으나 불발되었다. 게다가 니제르에는 세 종류의 법, 즉 성문법, 관습법, 종교법이 있는데 관습법에 더욱 기초하고 있다. 실제로 법정에서도 성문법이 거의 쓰이지 않고 있다Deane, 2021, p. 6. 심지어 법정 판결에 마을 지도자가 영향력을 행사하여 실제로 법과는 왜곡된 판결이 내려진다는 한계점이 계속해서 지적되고 있다정용균, 2020, p. 140. 또한, 공동체 단위로 분열된 특성상 정부의 집행력이 클 것이라고 볼 수 없다. 이들 집단에는 공동체 지도자의 힘이 정부보다 더욱 크게 작용한다.

니제르에서는 여성의 사회적 지위가 낮고 남성이 주도적인 힘의 비대칭 구조가 사회에 형성되어 있기에 여아의 자유에 대한 억압이 있다. 여아는 각기 다른 주체로 성장하는 것이 아니라, 아내나 엄마로만 운명이 결정될 것이기에 여아의 교육을 경시하는 현상이 나타난다. 이로 인해 여아는 더욱 사회적, 경제적으로 고립되어 결과적으로 남성에게 기대어 살아갈 수밖에 없는 환경이 조성된다. 이동의 자유에 있어서는 상대적으로 느슨한 제한을 보이는데 니제르의 심각한 가난 때문이다. 빈곤율이 높아 거의 모든 인구가 절대 빈곤 상태에 시달리고 있기에 니제르에서는 여성이 밭이나 농장으로 출근하여 경제 활동에 참여할 수밖에 없으므로 이동은 상대적으로 자유로운 편이다. 하지만 이동의 자유만 허락될 뿐, 역시나 사회 속 성차별적 규범이 강력하게 유지되고 있다.

따라서 니제르에서 조혼은 여성의 사회적 지위를 억누른 가부장제 사회 속에서 문화적 통념으로 굳혀져 왔다고 할 수 있다Tomar et al., 2021, p. S79. 특히 이슬람교 교리에 뿌리 깊게 박힌 성차별적 고정관념을 기반으로 한다. 또한, 여러 연구에서 마을 수준의 사회적 통념이 니제르의 만연한 조혼 관행에 이바지했다는 사실을 밝혀냈다Shakya et al., 2020, p. 2. 그러므로 니제르의 조혼은 종교적, 문화적 규범에 뿌리를 두고 있고, 공동체적 특성이 조혼 관행을 더욱 강화하고 있다고 볼 수 있다. 법이 조혼을 허용하는 가운데 니제르 정부는 여러 가지 국가적 전략을 발표하기는 하였으나, 구체적인 액션 플랜을 제시하지 않으면서 수동적인 자세를 취하고 있다. 즉, 니제르에서도 미온한 정부 태도와 조혼을 합법화하고 있는 법, 전통적 규범, 그리고 공동체 특성이 공통적으로 나타난다. 이러한 요인들이 복합적으로 작용하면서 니제르는 세계에서 가장 심각한 조혼율을 보고하는 나라로 자리매김했다.

온두라스

온두라스 공화국이하 온두라스은 중남미에 위치한 인구 약 924만 명의 나라다. 스페인어를 공용어로 사용하며, 온두라스인의 약 90%가 메스티소족에 해당된다. 또한, 인구 대부분이 가톨릭 신자이다. 총인구의 약 45%가 농업에 종사하는 등 매우 높은 비율로 농업에 의존하고 있다안수정, 2017, p. 74. 하지만 대부분 주요 생산물이 낮은 수익을 내는 농작물에 집중되어 온두라스 내 빈곤을 심화시키고 있다IFAD, 2011, p. 2. 심지어 범죄 조직의 영향이 매우 크고, 이 때문에 세계에서 가장 위험한 나라로 평가되며 실제로 가장 높은 살인율을 보이고 있다. 한편, 온두라스는 전통적인 가부장제 사회로 가정 내 모든 의사결정을 남성이 내리는 구조이며, 여성이 삶의 주도권을 쥘 수 없다Lomot, 2013, p. 15. 따라서 여성에 대한 엄격한 문화적 규범이 조혼에 주는 영향을 주목해서 분석할 필요성이 있다.

온두라스의 20세부터 49세의 여성 중 18세 미만에 결혼한 여아는 34%를 차지하고, 15세 미만에 결혼한 여아는 약 10%로 나타나고 있다Graham & Leal, 2015, p. 26; UNICEF, 2016, p. 151. 상대적으로 가난하고 낙후된 지역에 거주하는

그림 2 | 온두라스 내 20-24세 여성 중 조혼 비율 (나이<18)

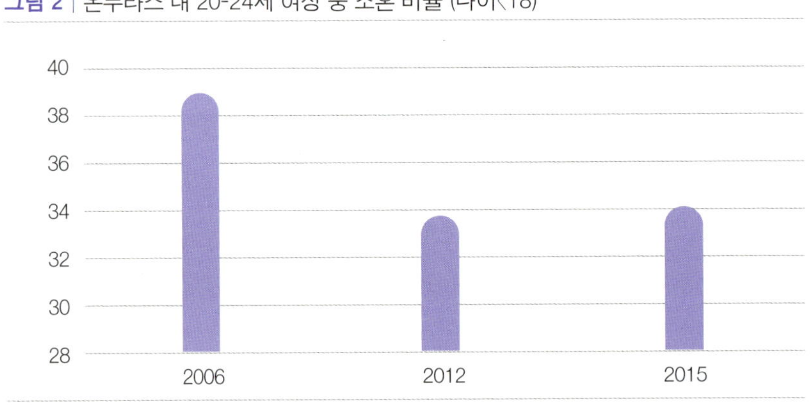

출처: Graham & Leal(2015, p. 26) 재구성

여아들은 조혼에 더 취약하다Graham et al., 2020, p. 707. 더욱 심각한 사실은 온두라스에서는 공식적으로 허가되거나 등록된 결혼보다 보고되지 않은 비공식적인 동거 형태가 보편적이라는 것이다. 남성과 동거 중인 15세에서 17세 여아 중 법적으로 결혼을 보고한 경우가 채 10%에 못 미친다Girls Not Bride, 2020, p. 2. 이러한 비공식적 동거 가정은 국가 단위의 데이터에 잘 수집되지 않고, 법적으로 보호받지 못해 여아들은 더욱 취약한 상태에 내몰리게 된다. 온두라스 내 만연한 조혼은 전통적인 가부장적 제도 아래에서 여아의 아버지와 가정 내 연장자들에 의해 이어져 왔으며, 조혼을 뿌리 뽑기 위한 진전이 지지부진하다. 앞서 언급한 것처럼 온두라스에서는 비공식적인 결혼 가정이 보편적인 탓에 조혼에 대한 데이터가 제한적이었다. 이러한 한계에도 불구하고, 몇몇 기관의 노력으로 온두라스 내 조혼 데이터가 제한적으로 수집되었다. 〈그림 1〉에서 확인할 수 있듯이 온두라스의 조혼율은 유의미한 감소 추세는 보이지 않는다. 심지어 2012년에 비해 2015년에 오히려 조혼 비율이 늘었음이 확인된다. 또한, 비공식적 동거 가정의 데이터 누락을 고려했을 때 온두라스 내 조혼이 집계된 수치보다 더욱 심각한 수준으로 유지되고 있음을 알 수 있다.

온두라스의 법은 조혼을 엄격히 금지하고 있다. 법정 혼인 연령은 여성과 남성 모두 21세이고, 부모의 허가 등의 예외 조항조차도 18세 이상에만 적용된다. 이는 2017년 7월 의회에서 18세 이상이 되어야 결혼을 할 수 있다는 법안이 통과된 결과로 성공적인 사례로 평가받는다. 하지만 법 개정 이후에도 조혼 비율은 전과 비슷하다. 이는 관습법의 효력이 매우 크게 작용하고 있기 때문이다. 공동체 구성원이나 지도자뿐만 아니라, 정부조차도 관습법의 우위성을 인정하고 있다. 따라서 실제로 법이 바뀌었다고 하더라도 사법 종사자들이 조혼을 금지한다는 변화에 관해 알지 못하고, 알더라도 재판에 적용하지 않는다. 이는 국가 질서를 무너뜨릴 수 있는 중대한 사회문제이지만, 국가 차원에서 해결하려는 시도도 보이지 않고 있다 Girls Not Brides, 2020, p. 7. 이에 따라 여성 의제와 관련해서는 사법부의 신뢰성이 낮다. 실제로 온두라스의 법률 시스템이 여성과 관련된 폭력에 관대하고 그로 인해 조혼을 포함한 여성 폭력에 이바지한다는 연구가 있다 Menivar & Walsh, 2017, p. 222. 자연스럽게 마을 공동체 지도자와 부모들도 개정법을 무시하고 여아를 조혼시키고 있다. 결과적으로 법적인 측면에서 조혼을 막기 위한 발전이 있긴 하였으나, 이를 집행할 수 있는 여건이 되지 않는다는 점에서 한계가 존재한다.

온두라스에서는 조혼을 막기 위한 국가 차원의 시도가 거의 없는 상태이다. 약 2시간마다 여성이 공격받고 23시간마다 여성이 살해될 만큼 온두라스의 여성 폭력은 심각하지만, 정부는 이 문제를 방치하고 있으며 개선하려는 시도도 미미하다. 사실 여성 의제에 해당하는 조혼을 막거나 대응하려는 정부 차원의 국가적 계획이나 전략은 거의 없다고 봐도 무방하다 Girls Not Brides, 2020, p. 7. 이처럼 여성 의제가 뒤처지고 조혼 근절을 위한 움직임이 거의 없는 원인은 그들의 사회, 문화적 맥락에서 해석할 수 있다.

온두라스에서는 여성에 대한 폭력은 오랜 역사 속에서 정당화되어 왔다. 여성은 '엄마'가 되어야 하고 남성의 옆에 있어야 한다고 교육받는다. 여성을 수동적이고 성적으로 순수하며, 양육적이고 가족 중심적으로 보는 시각은 Marianismo 이후 마리아 증후군[4]으로 설명될 수 있다. 따라서 여아들이 "de la casa" 여야 한다는 신념이 사회 전반에 당연하게 받아들여지고 있는데 이는 스페인어로 여아는 집에만 머물러야 한다고 해석된다 Diana et

4 Marianismo는 스페인어로, 여성의 전통적인 성 역할을 지칭하는 단어이다. 여성은 가족의 정신적 지주로서 가정에 집중해야 하고, 결혼 전까지 순결해야 하며, 남편에게 순종해야 한다는 의미를 담고 있다. 남성 중심적이고 전통적인 가톨릭교회에 의해 이 개념이 강화되었다. 본 연구에서는 마리아 증후군으로 해석한다.

al., 2022, p. S24. 이성과 깊은 관계로의 발전은 부적절한 행동으로 여겨지고, 여아는 이성을 바라보는 것만으로도 가정의 평판을 떨어트리고 제재 받게 Taylor et al, 2019, p. S48. 전통적 가치관이 심한 지역에서는 부모들이 여아가 이성을 만나는 것을 막는다는 이유만으로 학업을 중단시키기도 한다. 여성의 순결을 중요하게 여기고 수동적인 여성상을 강조해온 문화적 전형으로 인해 여아에게는 결혼이나 인생에서 결정권이 없었고, 부모나 연장자에 의해 조혼하도록 강요되었다. 심지어 부모들은 여아가 2차 성장을 하게 될 무렵이면 혼전 순결을 지킬 수 없다는 이유를 알 수 없는 두려움에 사로잡혀서 여아에게 조혼을 강요한다. 전통 규범이 엄격한 미스키토족에서는 온두라스 평균 조혼율보다 10%p 차이가 나는 조혼율을 보고하고 있다.

온두라스에서는 조혼에 기여하는 한 가지 추가 사회 요인을 관찰할 수 있었다. 바로 성폭력에 의한 조혼이다. 성폭행의 가해자로는 주로 갱이라 불리는 범죄 조직 이하 갱 이 언급된다. 온두라스는 거의 모든 도시가 갱단의 지배 아래에 있다. 이들에 의한 성폭력은 만연하게 나타나고, Smith & Hare, 2020, p. 4 심지어 성폭행을 당한 여아 중 다수가 이들과 결혼에 이르는데, 거부하면 생존에 위협을 받기 때문에 선택의 여지가 없다. 이에 따라 성폭력을 피하기 위해 오히려 이른 나이에 결혼하게 되는 상황이 일어나기도 한다. 하지만 갱만이 성폭력의 보편적인 가해자는 아니다. 온두라스 내 성범죄 혐의자의 36%가 친척 또는 지인이며, 가해자 중 95%가 처벌되지 않고 오히려 성범죄 가해자와 피해자를 결혼시키는 경우가 허다하다 SWI swissinfo.ch., 2022. 많은 여성 피해자가 법적 보호를 받지 못하며, 사회는 되려 비난하기도 한다 Menivar and Walsh, 2017, p. 229. 이는 남성성을 매우 강조하는 마초 문화에 뿌리를 둔다. 마초 문화는 사회적으로 남성의 폭력적인 행위를 관대하게 받아들이는 분위기를 조성한다. 남성의 성적 욕망은 자유로워야 하고 그것을 분출하는 것은 필수 불가결한 것이다. 성폭행하는 것은 어쩔 수 없는 남성의 내재적 욕망 때문이며 당연한 결과라고 설명한다. 따라서 마을 공동체는 미성년 여성에게 일어나는 성폭력을 보고하지 않으며 오히려 부모는 그들 가정의 평판을 망칠까봐 걱정했다 Greene, 2019, p. 38 .

정리하자면, 온두라스에서의 조혼은 이들 사회의 엄격한 성차별적인 규범에 따라 지속되었다. 마리아 증후군과 마초 문화와 같이 온두라스 사회 내 깊이 뿌리내린 성차별적인 문화는 여아의 조혼을 정당화하였다. 여아는 자유가 제한되고 감시당하며 성적으로 순결하지 않으면 마을 공동체와 부모로부터 비판받는다. 그들은 순종적이고, 순결하고, 남성에게 폭력을 당하더라도 복종해야 한다고 교육받았다. 반면, 온두라스의 남성들은 마초 문화 아래에서 자유를 누렸고, 그들의 폭력은 관대하게 받아들여졌다. 범죄 조직뿐만 아니라 친인척에 의해 자행되는 성폭력은 이를 증명해준다. 성폭력을 당한 여성들은 사법 제도에 의해 보호받지 못하고, 오히려 남성을 부추겼다고 비난받거나 가해자와의 결혼을 강요당한다. 온두라스는 법적으로 조혼을 엄격히 금지하고 있으나, 법의 집행력은 강하지 않다. 또한, 정부 차원에서 조혼을 막기 위한 논의는 거의 이루어지지 않고 있다. 이 모든 요인으로 인해 온두라스 내 조혼은 만연하며, 지난 20년 동안 전혀 감소 추세를 보이지 않은 것으로 판단된다.

S자 모형 적용 및 지역별 조혼 비교 분석

세 국가의 특성과 조혼 현황을 분석해본 결과, 공통적으로 네 가지 요인이 조혼 성행의 원인으로 관찰되었다. 열악한 정부 태도, 실효성 없는 법, 전통 규범, 그리고 공동체 단위의 높은 응집성이 그것이다. 여기서는 이 요인들을 S자 모형에 적용하여 조혼에 대한 사람들의 기대치를 바꾸는 데 어떤 방식으로 영향을 주는지 분석한다. 또한, 네 가지 사회요인 중 사람들의 인식을 바꾸는 데 무엇이 더 효과적인지 분석하기 위해 비교 연구를 진행한다. 예를 들어, 열악한 정부 태도와 효과적이지 않은 법 중 어느 요인이 사람들의 인식 기대치 이라는 매개변수에 더 유의미한 영향을 주는지 파악한다.

S자 모형 적용 분석

S자 모형에 따른 방글라데시 조혼 분석

먼저 균형점 이동의 촉진 요인인 정부의 태도와 법을 분석하고자 한다. 방글라데시 정부는 국가적 액션 플랜 발표, 젠더 관련 제도 도입 등 여러 가지 조혼 근절을 위한 시도를 보였다. 이러한 중앙정부의 개선 의지는 방글라데시 내 조혼 기대치를 많이 떨어뜨려 실제로 조혼이 점차 줄어들었고 사회가 균형점 ②에서 ③으로 일시적으로 이동했다. 또한, 법도 2017년에 좀 더 강력하게 개정되었다. 이로써 균형점을 이동할 만한 환경을 구축하였지만, 법에 예외 조항을 추가하면서 사실상 조혼을 제한하고 있지 않다고 평가된다. 게다가 방글라데시의 경우, 나라 전체의 집합이 아닌 공동체끼리의 단결성이 큰 나라이다. 즉, 공동체 내에서 규범과 관습법이 성문법보다 더 크게 작용하게 된다. 이로 인해 법 개정은 조혼에 대한 기댓값 감소 효과를 가져오지 못했다. 따라서 방글라데시에서 법은 조혼에 대한 기댓값을 성공적으로 떨어트리지 못했다. 게다가 정부의 개선 의도도 구체적인 움직임을 보이지 않으며 형식적으로 진행되었다. 결국 정부의 움직임, 법 개정 등 시도가 있었지만, 불충분했고 균형점 ②에서 ⑥으로 이동하기에는 역부족이었다. 촉진 요인의 미약한 영향은 전통적 규범과 공동체적 응집성에 의해 강화되고 있다.

여아의 조혼을 당연하게 여기는 전통 규범은 계속 전승되고 있다. 특히 응집성이 강한 공동체의 특성 때문에 이러한 악습이 강화되고 있다. 이는 또한 방글라데시에서 공동체 규범의 위반, 즉 조혼을 하지 않는 것에 대한 사회적 비난의 무게를 강화시키고 사실상 조혼을 원치 않더라도 하게 만든다. 이에 따라 아무리 방글라데시 정부가 법을 개정하고 국가 수준의 이니셔티브를 발행하여 기대치를 낮추더라도 이러한 사회적 방해 요인이 실제치의 조정을 막고 있다. 즉, 방글라데시 사회의 균형점이 ③으로 이동하였다가 ② 지점으로 회귀한 데에는 촉진 요인의 미비한 영향력뿐만 아니라 방해 요인이 강력하게 작용하고 있음을 분석할 수 있다. 이는 방글라데시의 조혼율이 90%에서 계속하여 감소하다가 균형점이 ②에서 ③으로 옮겨감 다시 60% 수준으로 조혼율이 만연하게 유지되는 현상을 잘 설명한다. 균형점이 ②지점으로 돌아감

S자 모형에 따른 니제르 조혼 분석

니제르에서는 균형점 ②에서 이동하려는 시도가 거의 보이지 않는다. 방해 요인인 전통적 규범과 공동체적 특성이 여타 다른 국가와 동일하게 작용하고 있을 뿐만 아니라 균형점을 이동하는 데 기여하는 요인인 정부의 태도와 법은 거의 작동하지 않는다. 니제르 정부가 조혼을 근절하기 위해 여러 가지 프로그램을 진행하기는 하였으나, 방글라데시와 마찬가지로 구체적이고 실체적이지 않다는 비난을 받고 있다. 이러한 탓에 니제르 정부가 진행하는 프로그램은 사람들의 기대치를 낮추지 못하고 자연스럽게 실제치도 전혀 낮추지 못하고 있다. 게다가 더욱 심각한 점은 니제르에서 법이 방해 요인으로 작용하고 있다는 점이다. 니제르는 방글라데시나 온두라스와는 달리 조혼을 합법화하는 국가이다. 따라서 S자 선 위에 있는 균형점을 이동시키는 데 그 어떤 기여도 하지 않고 있다. 게다가 실제로 법을 개정하여 조혼을 합법화하려는 국가적인 시도가 결렬되

면서 사람들의 전통 규범 위반에 대한 두려움은 더 커졌을 것으로 판단된다. 결국 조혼을 뿌리 뽑겠다는 실질적인 시도 없이 조혼을 유지해 온 요인들이 지속 및 강화되었기에 조혼 근절에 대한 기댓값의 변동이 존재하지 않아 변화의 여지가 없다고 분석된다. 이에 따라 니제르는 단지 균형점 ②에서 변동 없이 안정적으로 머무르고 있는 상태로 판단된다.

특이점은 니제르는 공동체별로 S자 모형 적용이 가능하다는 점이다. 사실 S자 모형의 원칙상 국가의 전반적 수준뿐 아니라 사회공동체별로 분석을 시도하는 것도 가능하다. 이에 따라, 니제르는 공동체별로 S자 모형을 그려볼 수 있다. 니제르의 투아레그족의 경우, 조혼율이 급격하게 떨어진다. Fenn et al., 2015, p. 22 이는 성차별적 규범이 많이 해소되었기 때문으로 여겨진다. 성차별적 규범은 조혼의 주요 원인 중 하나이다. 그런데 투아레그족은 그러한 성차별적 규범이 해소되고 여성 인권이 향상되며 조혼에 대한 기대치가 낮아졌다. 즉, 사회적 규범 자체가 변하면서 균형점 ②에서 ⑥으로 옮겨가 조혼율을 낮춘 사례라고 분석할 수 있다. 정리하자면, 니제르는 국가 전반적 수준에서는 조혼율의 기대치와 실제치의 조정이 거의 없고 균형점을 이동하려는 시도조차 없었다고 볼 수 있지만, 공동체 수준에서 균형점을 성공적으로 이동시킨 유의미한 사례를 관찰할 수 있다. 공동체 수준의 분석을 통해 성차별적 규범이 조혼에 미치는 영향이 유의미하게 큰 것을 알 수 있다.

S자 모형에 따른 온두라스 조혼 분석

온두라스에서는 앞에서 다룬 네 가지 요인에 하나 더 추가하자면, 사회 치안 요인이 조혼 기대치 감소의 방해 요인으로 작용하고 있음이 분석되었다. 먼저 조혼 기대치를 낮추는 요인인 법과 정부 태도 특성을 살펴본다. 법의 경우 세 지역 중 가장 엄격한 기준을 담고 있어 조혼에 대한 기대치를 낮추는 데는 아주 좋은 환경이라고 볼 수 있다. 하지만 관습법의 우위, 사법권의 개정법 무시라는 사회적 특성이 법 개정의 실효성을 없애고 있다. 심지어 개정법의 집행을 주도해야 할 정부 또한, 조혼을 포함한 젠더 이슈를 무시하고 있다. 결과적으로 법으로써 가능해야 할 균형점 ⑥으로의 이동은 ③으로조차 가지 못하는 결과를 내었다.

이에 반해 성차별적인 전통 규범, 공동체 특성은 온두라스 사회에서 보편적으로 관찰할 수 있었다. 이들은 조혼에 대한 기대치를 유지할 뿐 아니라, 앞 단락에서 설명된 법과 정부의 태도 요인의 균형점을 이동시키는 역량을 방해하고 있다. 이로써 균형점 ②에서 움직이지 않음을 확인할 수 있다. 그런데 사실 공동체 특성과 전통적 규범 요인은 현대사회로 오면서 미약하지만, 점진적으로 해소되고 있다. 이는 전통적인 규범을 후세대에 전승하는 데 효과적인 확대가족의 형태가 현대사회로 오면서 핵가족 형태로 많이 변화하고 있기 때문이다. 이에 따라 조혼율도 미약하나마 세계 곳곳에서 줄어들고 있는데, 온두라스의 경우 앞서 밝힌 것처럼 어느 지역에서도 전통 규범의 변화에 따른 조혼 감소를 관찰할 수 없었다. 이는 성폭력이라는 사회 치안 요인이 추가적으로 균형점 이동의 방해 요인으로 작용하고 있기 때문이다. 아무리 법을 강화한다고 하더라도 실제로 주변에서 범죄가 발생하고, 또 그러한 범죄에 대한 단죄가 없기에 사람들은 당연히 조혼에 대한 기대치를 바꾸지 않을 것이다. 따라서 치안에 대한 인식이 전통 규범의 답습을 더 공고히 하고 있으므로 기대치를 바꿔 균형점을 이동시키려면 더 큰 노력이 필요할 것으로 해석된다.

지역별 조혼 비교 분석

온두라스와 방글라데시 비교

먼저 온두라스와 방글라데시를 비교 분석한 결과, 정부의 태도 요인이 법보다 더 효과적이라는 사실이 드러났다. 온두라스가 방글라데시보다 법적으로는 더 엄격하게 금지하고 있지만, 반면에 정부 태도 요인을 보았을 때는 방글라데시가 더 적극적인 태도를 보인다. 하지만 법의 경우, 정부가 얼마나 집행할 수 있느냐가 중요하기에 온두라스에서 정부의 적극적인 지지 없이 법으로만 S자 모형의 균형점을 바꾸기에는 충분하지 않았다. 사람들의 인식이 다소 변화하여 균형점의 이동이 일어났다고 하더라도, 결국에는 다시 조혼이 많이 발생하는 균형점 ②지점으로 돌아왔다. 사회적 젠더 인식과 공동체적 결속성에는 두 나라 모두 비슷한 수준이어서 비교할 여지가 없다. 이러한 차이를 고려하여 두 나라의 조혼율을 보았을 때 정부의 태도가 법보다 더 중요한 것을 알 수 있다. 온두라스에서는 조혼율의 변화가 없어 조혼에 대한 기대치 변화가 거의 없었으며, 실제치의 조정도 일어나지 않았다. 반면에 방글라데시의 경우, 약 90%에서 60% 수준으로 조혼율을 감소시켰다. 이는 정부의 시도로 인해 사람들의 기대치가 변화하면서 이끌어낸 결과라고 할 수 있다. 따라서 정부의 태도가 조혼을 근절시키는 요인으로 일시적이나마 작동하였다고 분석한다. 온두라스와 방글라데시의 이러한 조혼율 차이를 볼 때, 정부의 적극적인 태도 요인이 법 요인보다 조혼 감소를 위한 기대치 변화에 더 효과적으로 작용할 것으로 보인다.

온두라스와 니제르 비교

온두라스와 니제르를 비교한 결과, 전통 규범이 법보다 사람들의 기대치를 변화시켜 조혼을 낮추는 데 더 효과적이었다. 온두라스와 니제르는 전체적으로는 네 가지 요인 모두 유의미하게 비교 분석할 여지가 없다. 온두라스의 법 조항은 조혼을 강력하게 제재하고 있지만, 집행력이 없다는 점에서 의미가 없다. 하지만, 니제르에서는 공동체별 조혼율의 감소 추세를 관찰할 수 있다. 투아레그족의 경우, 조혼율이 급격하게 감소했는데 Fenn et al., 2015, p. 22 투아레그 공동체에서는 전통적 규범 요인이 거의 작용하지 않기 때문으로 분석된다. 투아레그족의 경우 현재 양성평등 의식이 높은 공동체로 알려져 있다. 이처럼 사회 규범이 변하면서 균형점 ②에서 ⑥으로 옮겨가 조혼율이 감소한 사례라고 분석할 수 있다. 이를 보면, 전통적 규범이 법보다 더 효과적으로 조혼에 대한 인식 변화를 이끌어낼 수 있음을 알 수 있다.

결론

조혼은 현재 코로나 팬데믹의 확산과 함께 더욱 심각한 사회문제로 변해가고 있다. 전염병 때문에 느슨해진 중앙정부의 통제와 빈곤의 심화로 의해 조혼율은 다시 증가하고 있다. 특히 중남미, 남아시아, 아프리카 등 개발도상국의 비율이 높은 지역에서 조혼율이 높게 나타나고 있음에도 불구하고 그 원인이 잘 밝혀지지 않았다. 따라서 조혼 비율이 높은 세 지역에서 대표적으로 한 나라씩 선정하여 조혼 원인에 대해 사회 변화를 설명하는 다중 균형 이론인 S자 모형을 적용하여 분석하였다. 그 결과 세 나라 모두 전통적인 문화 규범과 결속력 높은 공동체의 특성, 실효성 없는 법과 미온적인 정부의 태도가 조혼 풍습을 만연케 한 것으로 분석된다. 강력한 공동체 지도자를 필두로 공동체의 단결력이 기하급수적으로 높아졌고, 가정의 명예를 지키기 위해 모두 전통 규범을 굳게 지켜왔다. 이를 벗어나는 가정은 단순히 추상적인 명예를 떨어뜨릴 뿐 아니라, 비난과 고립 등 사회적 처벌 역시 받아야 한다. 이는 공동체 구성원이 기존의 통념에서 벗어나는 행동을 매우 두렵게 만들었다. 각 정부 역시도 조혼 근절에 대해 적극적인 태도를 보이지 않는다. 세 나라 모두 조혼 근절을 위한 여러 전략을 발표했고, 방글라데시와 온두라스는 법을 개정하기도 했다. 하지만 모두 형식적인 시도에서 머물렀고, 앞서 언급한 공동체 특징은 그렇지 않아도 미약한 정부의 집행력을 더 약하게 만들고 있다. 이로 인해 세 나라 모두 균형점 ②에 머무르고 있다. 심지어 온두라스의 경우 사회 치안에 대한 인식이 문화적 규범을 강화하며 상황을 더 심각하게 만들고 있다.

네 가지 요인 중 어떤 요인이 사람들의 인식 변화에 더욱 강력하게 작용하고 있는지 알아보고자 비교 연구를 진행한 결과, 온두라스와 방글라데시의 비교에서는 법보다는 정부의 적극적인 태도 요인이, 온두라스와 니제르의 비교에서는 전통 규범의 변화 요인이 조혼에 대한 인식 변화에 강력한 요인으로 작용할 수 있다는 것을 분석하였다. 다른 두 요인인 법과 공동체 특성 또한 서로 밀접하게 관련되어 있어 중요하다. 법은 정부가 사용할 수 있는 수단이며, 규범의 변화는 공동체적 수준에서 효과적으로 이끌어낼 수 있다는 점에서 중요하다. 그동안 조혼을 해결하는 데 있어 공동체 수준에서의 방법은 크게 주목받지 못하였다. 캠페인 활동과 국가 전략 등 국가의 전반적 수준과 개개인 수준의 접근이 주로 조혼을 근절시키는 방법으로 채택되었으나, 본 연구에서는 이러한 수단이 그리 효과적이지 못함을 관찰하였다. 지역 비교 연구를 통해 분석한 조혼의 강력한 유지 요인인 공동체 단위의 문화적 특성과 정부의 태도는 앞으로 국제사회가 조혼 해결을 위해 주목해야 할 조혼 근절 활동의 방향성을 보여준다. 즉, 조혼 근절을 위해서는 국가나 개개인 단위의 초점이 아닌, 공동체 단위 수준에서 정부가 적극적인 태도로 접근하는 방식이 필요함을 제시한다.

참고 문헌

안수정 (2017), “온두라스의 농업현황”, 『세계농업』, 204, 73-94.

정용균 (2020), “방글라데시의 분쟁해결문화와 제도: Shalish전통과 현대적 확장”, 『중재연구』, 30(1), 139-160.

Akter. S., Williams, C., Talukder, Islam, A.M.N., Escallon, J.V., Sultana, T., Kapil, N., & Sarker, M. (2022). Harmful practices prevail despite legal knowledge: A mixed-method study on the paradox of child marriage in Bangladesh. Sexual and Reproductive Health Matters, 29(2), 1885790.

Alqahtani, J. & Alqahtani, I. (2022). CODIV-19 and child marriage: A Red Flag. Journal of Clinial Nursing, 31(7-8), E6-E7.

Amirapu, A., Asadullah, M. N., & Wahhaj, Z. (2020). Ca child marriage law change attitudes and behavior? experimental evidence from an information intervention in Bangladesh. Centerbury, UK: University of Kent, School of Economics, Canterbury.

Arthur, Me., Alison E., Amy R., Ilona V., Efe A, Isabel L, Gabriella K., Arijit N & Jody H. (2018). Child marriage laws around the world: Minimum marriage Age, legal exceptions, and gender disparities. Journal of Women, Politics & Policy, 39(1), 51-74.

Biplab. D. & Shahidul. H. (2022). An early assessment of the 2017 child restraint act of Bangladesh. Asia Pacific Journal of Public Health, 34(4), 463-465.

Biswas, R. K., Khan, J. R., & Kabir, E. (2019). Trend of child marriage in Bangladesh: A reflection on significant socioeconomic factors. Children and Youth Services Review, 104, 1-9.

Chowdhury, F. D. (2010). Dowry, women, and law in Bangladesh. International Journal of Law, Policy and the Family, 24(2), 198-221.

Deane, T. (2021). Marrying young: Limiting the impact of a crisis on the high prevalence of child marriage in Niger. Laws, 10(3), 61.

Diana P. M., Erin M. G., Enrique E. V. L., & Alison K. C. (2022). Gender norms, control over girls' sexuality, and child marriage: A Honduran case study. Journal of Adolescent Health, 70(3), S22-S27.

Fenn, N. S., Edmeades, J., Lantos, H., & Onovo, O. (2015). Adolescent Pregnancy and Family Formation in West and Central Africa: Patterns, Trends and Drivers of Change. Dakar, Senegal: UNICEF West and Central Africa Regional Office.

Ferdaush, J. & Rahman, K. M. M. (2011). Gender Inequality in Bangladesh. Dhaka, Bangladesh: Unnayan Onneshan-The Innovators.

Girls Not Brides. (2020). Child, Early and Forced Marriage and Unions in Latin America and the Caribbean. London, UK: Girls Not Brides.

Godha D., Hotchkiss, D R., & Gage, A. J. (2013). Association between child marriage and reproductive health outcomes and service utilization: A multi-country study from South Asia. Journal of Adolescent Health, 52(5), 552-558.

Graham, E. M and Leal, G. (2015). Child marriage, agency, and schooling in rural Honduras. Comparative Education Review, 59(1), 24-49.

Graham, E. M., Cohen, A. K., & Montoya, D. P. (2020). School dropout, child marriage, and early pregnancy among adolescent girls in rural Honduras. Comparative Education Review, 64(4), 703-724.

Greene, M. E. (2019). A Hidden Reality for Adeolescent Girls: Child, Early and Forced Marriages and Unions in Latin America and the Caribean. Regional Report. Plan Kingston, Jamaica: International in the Americas and the United Nations Population Fund (UNFPA), Reginal Office for Latin America and the Caribbean.

Hampton, Tracy. (2010). Child marriage threatens girls'health. JAMA, 304(5), 509-510.

IFAD. (2011). Enabling Poor Rural People to Overcome Poverty in Honduras. Rome, Italy: International Fund for Agricultural Development.

Kamal, S. M. M., Hassan, C. H., Alam, G. M., & Ying, Y. (2015). Child marriage in Bangladesh: Trends and determinants. Journal of Biosocial Science, 47(1), 120-139.

Kohno, A., Dahlui, M., Nik F. N. D., Ali, S H. & Nakayama, T. (2019). In-depth examination of issues surrounding the reasons for child marriage in Kelantan, Malaysia: A qualitative study. BMJ Open, 9(9), 1-10.

Lagoutte, S., Bengaly, A., Youra, B., & Fall, P. T. (2014). Dissolution of marriage, legal pluralism and women's rights in francophone West Africa. Copenhagen: Danish Institute for Human Rights.

Lomot, R. (2013). Gender discrimination: A problem stunting Honduras' entire economy. Global Majority E-Journal, 4(1), 15-26.

Maharajan, R., Karki, K., Shakya, T., & Aryal, B. (2012). Child marriage in Nepal: Research report. Lalitpur, Nepal: Plan Nepal.

Male, Chata & Wodon, Quentin. (2018). Girls' education and child marriage in West and Central Africa: Trends, impacts, costs, and solutions. The Forum for Social Economics, 47(2), 262-274.

Menivar C., & Walsh S. D. (2017). The architecture of femicide: The state, inequalities, and everyday gender violence in Honduras. Latin American Research Review, 52(2), 221-240.

National Institute of Population Research and Training, and ICF. (2019). Bangladesh demographic and health survey 2017-18: Key indicators. Dhaka, Bangladesh, and Rockville, Maryland, USA: NIPORT, and ICF.

Parsons, Jennifer., Edmeades, Jeffrey., Kes, Aslihan., Petroni, Suzanne., Sexton, Maggie & Wodon, Quentin. (2015). Economic impacts of child marriage: A review of the literature, The Review of Faith & International Affairs, 13(3), 12-22.

Paul, Pintu. (2019). Effects of education and poverty on the Prevalence of girl child marriage in India: A district-level analysis. Children and Youth Services Review, 100, 16-21.

Raj, Anita., Ghule, Mohan., Battala, Madhusudana., Dasgupta, Anindita., Ritter, Julie., Nair, Saritha., Saggurti, Niranjan., Silverman, Jay G. & Balaiah, Donta. (2014). Brief report: Parent-adolescent child concordance in social norms related to gender equity in Marriage - findings from rural India. Journal of Adolescence, 37(7), 1181-1184.

Save the Children UK. (n.d.). Child Marriage in Niger. London: Save the Children UK.

Shakya H. B., Weeks J., Challa S., Fleming P.J., Cislaghi B., McDougal L., Boyce S. C., Raj A., & Silverman J. G. (2020). Spatial analysis of individual- and village- level sociodemographic characteristics associated with age at marriage among married adolescents in rural Niger. MBC Public Health, 20, 1-15.

Smith, C. & Hare, T. (2020). Addressing the sex and gender-based violence in Guatemala, Honduras and El Salvador fueling the US border crisis: Impunity, and violence against women and girls. Washington: University of Notre Dame, Keough School of Global Affairs, Pulte Institute for Global Development.

SWI swissinfo.ch. (2022, January 5) La violencia contra la mujer en Honduras no para y exige un abordaje Integral. Retrieved from https:www.swissinfo.ch/spa/honduras-violencia-machista_la-violencia-contra-la-mujer-en-honduras-no-para-y-exige-un-abordaje-integral/47240582

Taylor A., Erin G., Julia H., Bapu V., Angel V., & Beniamino C. (2019). Child marriage and unions in Latin America: understanding the roles of agency and social norms. Journal of Adolescent Health, 64(4), S45-S51.

The World Bank. (2022, September 22). The world bank in Niger. Retrieved from https://www.worldbank.org/en/country/niger/overview#1

Todaro, M. P., & Smith, S. C. (2009). Economic development. Boston: Pearson Education.

Tomar, S., Johns, N., Challa, S., Brooks, M. I., Aliou, S., Abdoul-Moumouni, N., Raj, A., & Silverman, J. (2021). Associations of age at marriage with marital decision-making agency among adolescent wives in rural Niger. Journal of Adolescent Health, 69(6). S74-S80.

UNICEF Bangladesh. (2017, December 10). The child marriage restraint Act, 2017. Retrieved from https://www.unicef.org/bangladesh/sites/unicef.org.bangladesh/files/2018-10/Child%20Marriage%20Restraint%20Act%202017%20English.pdf

UNICEF Niger. (2020). Ending child Marriage in Niger. Niger, UNICEF.

UNICEF. (2016). The state of the world's children 2016: A fair chance for every child. New York, USA: UNICEF.

UNICEF. (2021). Towards ending child Marriage: Global trends and profiles of progress. New York, USA: UNICEF.

United Nations Office of the High Commissioner for Human Rights (UN OHCHR). (2017). Recommendation for action against child and forced marriages. Geneva, Switzerland: OHCHR.

• 김종섭

시카고 대학교에서 경제학 박사학위를 취득하였으며, 현재 서울대학교 국제대학원에서 교수로 재직하고 있다. 주된 관심 분야는 국제통상, 국제개발경제, 중남미이다. (연락처: chongsup@snu.ac.kr)

• 금유진

숙명여자대학교 국제개발학과 사회심리학을 졸업하고 서울대학교 국제대학원 석사과정을 수료하였다. 주요 관심 분야는 에너지, 인프라, 국제개발이다.
(연락처: keumkeum@snu.ac.kr)

3장 일본-몽골 간 교육 협력의 전개와 특징

: 장애아를 위한 교육개선 프로젝트(START)의 사례*

박지환**, 조수빈***

일본의 교육 분야 국제협력의 전개

이 연구는 일본국제협력기구Japan International Cooperation Agency, 이하 JICA가 2015년 8월부터 몽골 정부와 협력해 실시하고 있는 '장애 아동을 위한 교육개선 프로젝트'障害害児のための教育改善プロジェクト, The Project for Strengthening Teachers' Ability and Reasonable Treatments for Children with Disabilities, 이하 START를 사례로, 일본형 통합교육inclusive education의 이원적 특성이 교육 분야 국제협력이하 교육 협력에 어떤 식으로 반영되었는지 검토하려는 것이다.[1]

---

* 본 연구는 서울대학교 국제대학원 4단계 BK21 교육연구단『국제지역과 개발의 다학제적 연구를 통한 교재개발』의 지원을 받아 수행되었으며,「Asia Pacific Education Review」제25권(2024)에 게재된 논문을 수정·보완한 것입니다

** 서울대 국제대학원 교수

*** 서울대 지리학과 박사과정

1 일본의 장애 아동 교육은 특별지원교육(special needs education)이라고 불리지만, 2010년대 중반 이후 통합교육을 지향하는 방향으로 나아가고 있다. 다만 일본에서 통합교육이 내포한 이

우선, START는 JICA의 교육 협력이 어떻게 변화해왔는지를 이해하기 위한 적절한 사례이다. 1990년 이전 일본의 교육 협력은 기초교육 분야보다는 고등교육과 기술·직업 교육 및 훈련에 집중되어 있었다 Ishida & Okitsu, 2022; Kuroda & Hayashi, 2015. 교육 협력이 수원국의 근대화와 경제발전에 이바지해야 한다는 실질적인 측면도 고려했지만, 일본이 1945년 이전에 식민지와 점령지역에서 저지른 과오를 생각할 때, 국민 형성에 한 축을 담당하는 기초교육 분야에 관여하는 것은 내정 간섭으로 비칠 수 있다고 우려했기 때문이다. 대신 1970-80년대 기초교육 분야의 국제협력은 상대적으로 가치 중립적이고 높은 외국어 능력을 요구하지 않는 과학교육 분야의 전문가를 파견하거나, 학교나 교수연수센터와 같은 하드웨어를 지원하는 사업이 주를 이뤘다 Ishihara & Kawaguchi, 2022.

그러나 1990년 유네스코가 '모두를 위한 교육' Education for All 을 교육 협력의 새로운 가치로 내세운 것을 반영해, 일본 정부도 기초교육 분야의 국제협력을 차츰 강화해 나갔다 Ishihara & Kawaguchi, 2022. 우선 과학교육 분야에 한정되어 있던 전문가 파견을 수학교육 분야로 확대했다. 동시에 모둠 활동을 중시하는 일본의 아동 중심 교육법을 수원국에 소개하고, 이를 교육 현장에서 원활하게 실천할 수 있도록 교사 연수 시스템을 구축하는 데 주력했다. 이처럼 교사의 역량을 향상하려는 노력은 지역별 상황을 반영하면서도 2000년대 내내 계속됐다.

예를 들어, JICA는 몽골에 아동 중심 교육법을 전수하기 위해 '아동의 발달을 지원하는 지도법 개선 프로젝트' 子どもの発達を支援する指導法改善プロジェクト 를 두 차례 2006년 4월~2009년 3월, 2010년 3월~2013년 8월 에 걸쳐 실시했고 国際協力機構人間開

원성-분리주의와 통합주의-을 드러낼 때는 일본형 통합교육, 그중 분리주의적인 측면을 지칭할 때는 특별지원교육, 교육의 대상이 장애가 있는 아동이라는 점을 지시할 때는 장애 아동 교육이라고 표현할 것이다. 이에 관한 자세한 내용은 2절에서 서술할 것이다.

発部, 2009; 国際協力機構・コーエイ総合研究所, 2013, 2016년 1월부터 2019년 1월까지 '아동중심형 교육지원 프로젝트' 児童中心型教育支援プロジェクト 를 수행했다 JICA, 2019.

다만, 2010년대 이후 몽골에서 기존의 기초교육 부문 국제협력과는 성격이 다른, 장애 아동을 위한 교육제도와 서비스를 지원하는 START가 시행된 것을 이해하려면 세 가지 배경을 추가로 고려할 필요가 있다. 첫째, 2010년 이후 일본 정부는 교육 협력의 기본방침으로 "인간의 안전보장을 위한 교육" Education for Human Security 을 추구하였다. 외무성이 2010년 발표한 「일본의 교육협력정책 2011-2015」에 따르면, 일본 정부는 "인권을 보장하고, 지속가능한 발전을 추구하며, 세계평화에 이바지하기 위한 종합적인 접근"을 통해 "인간의 안전보장을 위한 교육"을 실현하고자 했다 Kuroda & Hayashi, 2015. 구체적으로는 "모두를 위한 학교"를 만들기 위한 "통합교육", 즉, "가난, 분쟁, 장애, 그리고 취약계층 아동의 기타 다양한 요구"에 대응하는 교육 협력을 실현할 것을 천명했다.

이런 점은 외무성이 2015년에 발표한 「평화와 성장을 위한 교육 전략」 平和と成長のための学びの戦略 에도 계승됐다 外務省, 2015. 이 문서에서도 교육 협력의 중점분야 중 하나로 "포섭적이며 공정하고 수준 높은 교육"을 설정하고, "분쟁 영향 국가나 빈곤 지역의 아동, 장애인 등 다양한 요인으로 인해 수준 높은 교육을 받지 못하는 사람들에 대응한 지원"을 추구한다고 명기했다. 즉, 2010년대 이후 일본의 교육 협력에서 형평성 equity 이 중요한 가치로 제기되었고, START는 바로 이런 맥락에서 추진될 수 있었다.

둘째, 「교육협력정책 2011-2015」에 따르면, 일본 정부는 "모두를 위한 학교" School for All 를 만들기 위한 정책 중 하나로 "포용적 교육" inclusive education 을 고려했다 外務省, 2015. 2010년대 이후 일본이 추구하는 교육 협력의 초점이 교사의 역량을 강화하는 것에서 학생의 학습 환경을 개선하는 것으로 옮겨갔다 Ishihara & Kawaguchi, 2022. 이전까지의 프로젝트는 교사가 교과목의 지식을 어떤 식으로 가르치느냐를 개선하는 데 초점을 맞췄다면, 이제는 학생이 더 잘 배울 수 있는 환경을 만들기 위해 교사가 무엇을 해야 하는가로 교육 협력의 방향이 바뀌었다. 이러한 교육 협력 패러다임의 변화 덕분에, 장애 아동이 공교육을 받을 수 있는 제도적 환경을 조성하는 START가 2010년대 중반부터 실시될 수 있었다.

셋째, JICA의 조직 개편도 2000년대 이후 JICA의 교육 협력이 다양화되는 데 이바지했다. JICA는 1974년 공적개발원조를 전담하는 외무성 산하의 특수법인으로 설립되었으나, 고이즈미 정부가 추진한 행정 개혁의 일환으로, 2003년 독립행정법인으로 재탄생했다Ishida & Okitsu, 2022. 이때 교육, 훈련, 사회보장, 보건 등에 관한 국제협력의 방침을 책정하고 관련 프로젝트를 실시하는 부서로 인간개발부人間開発部가 설치됐다. 인간개발부는 처음부터 컨설팅회사와 협력하며 수원국의 상황에 맞는 교육 관련 프로젝트를 모색하고 컨설팅회사를 통해 교육 분야 프로젝트를 실시했다. START도 몽골의 장애 학생 교육에 관한 현황조사에서부터 본 사업의 실시에 이르기까지 전 과정을 주식회사 코에리서치컨설팅国際協力機構·株式会社コーエリサーチ&コンサルティング의 교육 분야 전문가가 담당했다. 따라서 START는 2000년대 이후 일본의 교육 협력의 범위가 확대되는 양상을 이해하기에도 적절한 사례라고 할 수 있다.

하지만 일본의 교육 협력의 특성을 제대로 파악하려면 이상과 같은 국제협력이라는 맥락에 대한 이해와 더불어 일본 교육제도의 특징을 동시에 고려해야 한다. 이 연구의 경우, START의 전개 과정과 특징을 정확하게 파악하려면, 일본에서 장애 아동 교육이 발전해 온 과정과 그에 내재된 특성에 대한 이해가 선행되어야 한다박화문, 2006;추연구, 2009; Ito et al., 2022. 이런 점은 통합교육의 전반적인 흐름과 일본에서 이해되는 통합교육의 의미가 반드시 일치하지는 않기 때문에 더욱 중요하다. UN 장애인권리위원회는 통합교육을 장애가 있는 학생과 그렇지 않은 학생이 모두 같은 교실에서 함께 배움으로써 개별 학생의 필요를 충족하는 교육방식이라고 정의한다United Nations, 2016.[1] 기존 연구에서도 통합교육은 모든 학생이 장애 유무와 관계없이 각자의 연령에 해당하는 일반학급에서 양질의 교육을 받고 핵심적인 교육과정을 이수하는 것을 뜻한다Alquraini & Gut, 2012; Bui et al., 2010.

이에 비해, 일본에서는 장애의 유무와 정도에 따라 학생을 분리해서 가르치는 특별지원교육도 넓은 의미에서 통합교육으로 간주하는 한편, 교육 현장을 중심으로 장애 유무와 관계없이 모든 학생이 함께 배우는 공생공학共生共學의 이념을 실천하는 양상도 나타나고 있다윤희봉, 2017; 伊藤駿, 2019. 일본은 포용적 교육에 있어 일정한 진전을 이루었음에도 불구하고, 여전히 장애 유형과 정도에 따라 분리 교육을 실시하고 있는 셈이다Mithout, 2016; Yoshitoshi & Takahashi, 2021. 다시 말해, 포용적 교육은 보편적인 것이 아니며, 역사적 맥락에 따라 그 형태와 적용이 달라진다.

따라서 국제 교육 협력을 효과적으로 연구하기 위해서는 공여국의 교육 정책과 실천, 그리고 그것이 수원국과 어떻게 상호작용하는지를 고려하는 것이 중요하다. 그러나 기존의 국제 교육 협력에 관한 연구들은 종종 공여국의 교육 제도와 실천에 대한 고려가 부족하고, 국제 협력 정책의 효과성에만 초점을 맞추는 경향이 있다정봉근·박환보, 2013; Lei & Myers, 2011; Yates, 2020.

이 연구는 일본-몽골의 장애 아동에 관한 교육 협력 프로젝트를 검토함으로써 기존 연구의 이러한 한계를 보완하려는 시도이다. 이를 위해 본문에서는 먼저 일본과 몽골의 장애 아동 교육의 현황과 특징을 개관한 다

---

1 유엔이 지향하는 통합교육은 단순히 장애 아동과 그렇지 않은 아동이 같은 교실에서 공부하는 것만을 목적으로 하는 것이 아니다. 개인적 필요에 부응하는 추가적인 지원 없이 물리적인 공간만 통합하는 경우, 오히려 장애 아동의 정체성에 부정적인 영향을 미칠 수도 있다. 일본의 일반 학교에 다니는 청각장애 학생에 대한 사례연구는 이 학생들이 수화(手話)를 배울 기회를 얻지 못하고 '일반' 학생들에게 동화(assimilation)되길 요구받는 상황을 잘 보여준다(McGuire, 2020).

음, START의 실시 과정을 상세하게 기술함으로써 이 프로젝트의 성격을 파악하고자 한다. 마지막으로, START가 일본의 분리주의적·포용적 교육 접근 방식 모두의 영향을 받았지만, 그 성공적인 실행은 궁극적으로 몽골 내 이해관계자들의 행동과 결정에 달려 있음을 보여주는 것이 이 연구의 목적이다.

방법론

이 연구는 일본과 몽골 간의 국제 교육 협력 프로젝트에 관한 확장된 사례 연구로, 일본의 포용적 교육 모델이 몽골 교육 체계에 미친 영향을 이해하는 것을 목표로 한다. 연구 데이터는 2022년 4월부터 10월 사이에 수집되었으며, 당시 코로나19 팬데믹으로 인해 양국에서의 현장 조사가 어려웠기 때문에, START 프로젝트의 실행 과정과 그 함의를 분석하기 위해 1차·2차 문서와 기존 문헌에 크게 의존하였다. 그리고 이 프로젝트의 의미를 보다 심층적으로 알기 위해, 2022년 8월 1일에 코에리서치컨설팅 소속의 START 책임자와 실무자, JICA 본부 인간개발부 아시아지역 담당 과장과 실무자, 그리고 JICA 몽골사무소 실무자와 공동으로 약 1시간 30분간 온라인 인터뷰를 진행했다.

이 연구는 먼저 일본의 초·중등교육 및 특수교육에 관한 영어, 일본어, 한국어 문헌을 검토했다. 이후 해당 프로젝트가 제시한 교육 이념과 실천을 일본의 기본 교육 특징 및 장애 아동을 위한 교육의 발전과 연관지어 해석했다. 이러한 과정에서 저자들은 일본 학교에서 학급 간 협력과 조화를 중시하는 문화가 장애 아동 교육에 있어 일정 부분 공생적인 실천으로 이어진다고 보았다.

둘째, 본 연구는 몽골의 교육 정책과 장애 아동을 위한 교육에 대한 통찰을 얻고자 아시아개발은행 Asian Development Bank , 유네스코 UNESCO , 유니세프 UNICEF 등 국제기구에서 영어로 발간한 문서와 보고서를 활용했다 Schelzing & Newman, 2020; UNESCO, 2020; UNICEF, 2018, 2021 . START 프로젝트의 기획 및 실행을 이해하기 위해 저자들은 또한 몽골의 통합교육에 관한 JICA 2014 의 조사보고서와 START 프로젝트의 결과 보고서 国際協力機構·株式会社コーエリサーチ&コンサルティング, 2019; モンゴル国障害児のための教育改善プロジィクト, 2019a, 2019b, 2019c 를 검토했다.

이와 더불어, JICA 및 START 프로젝트 실행팀이 운영한 웹사이트, 페이스북 페이지, 뉴스레터 등의 자료도 참고했다. 또한, 일본과 몽골 간 교육 협력의 변화를 파악하려고 JICA의 이전 몽골 교육 협력 사업들 国際協力機構人間開発部, 2009, 2019; 国際協力機構·株式会社コーエリサーチ&コンサルティング, 2013 도 참고했다. 본 연구에 사용된 대부분의 자료는 공개된 것이므로, 저자들은 본 연구에서 윤리적인 문제가 발생할 가능성은 낮다고 판단한다. 그러나 장애 아동과 관련된 주제의 민감성을 고려하여, 언어 선택에 신중을 기했으며, 프로젝트 보고서와 문서에서 언급된 인물들에 관해서는 이름을 본문에 기재하지 않음으로써 익명성을 보장했다.

일본형 통합교육의 이원성

일본의 장애 아동 교육은 기본적으로 장애 유무를 판단하고, 장애가 있는 학생의 필요를 충족하려면 이들을 별도로 교육하는 편이 좋다고 보는 분리주의적 관점에 입각하고 있다. 1947년 학교교육법에는 장애 아동 교육은 양호학교, 양호학급, 분리학급, 일반학급 등에서 이뤄질 수 있다고 되어 있다. 그러나 학생의 요구나 필요보다는 장애의 유형과 정도에 따라 학생을 특수학교나 특수학급에 배정하는 것이 일반적이었다 Yoshitoshi & Takahashi, 2021.

일본 정부는 1979년에 모든 장애인에 대한 교육을 의무화할 때도 장애의 유형과 정도에 따른 분리 교육 방침을 적용했고, 2003년 「앞으로의 특별지원교육의 존재 방식에 관한 2003년 최종보고」今後の特別支援教育の在り方について 2003年 最終報告를 발표한 후에도 이러한 방침을 유지했다 有松玲, 2013. 위의 최종보고에 따라, 2007년부터 장애 아동을 가르치는 교육시설의 이름이 특수학교·특수학급에서 특별지원학교·특별지원학급으로 바뀌었을 뿐, 개별 학생의 필요를 종래와 같이 장애에 대한 의학적 진단으로만 파악한다는 점에서는 변함이 없었다. 따라서 장애 학생과 보호자의 교육적 요구와 필요에 부응하는 서비스를 지원한다는 특별지원교육의 이념을 충분히 구현하지 못했다 Yoshitoshi & Takahashi, 2021.

특별지원교육 체제로 전환한 지 5년 만인, 2012년 「공생사회의 형성을 향한 통합교육 시스템 구축을 위한 특별지원교육의 추진 보고」共生社会の形成に向けたインクルーシブ教育システム構築のための特別支援教育の推進[報告]를 통해, 일본 정부는 앞으로의 특별지원교육은 통합교육을 지향한다고 천명했다. 그러나 일본은 2006년에 비준한 유엔 「장애인권리협약」의 제24조 2항, "장애인은 장애를 이유로 일반 교육제도 general education system 에서 배제되지 아니하며, 장애 아동은 장애를 이유로 무상 의무초등교육이나 중등교육으로부터 배제되지 아니한다"에 나온 '일반 교육제도'를 '교육제도 전반'이라고 번역하고, 여기에 특별지원학교·특별지원학급이 포함되는 것으로 해석했다 原田琢也, 2016. 다시 말해, 장애 아동에게 특별지원학교, 특별지원학급, 분리학급, 일반학교 등과 같은 다양한 선택지를 제공하는 것을 일본형 통합교육이라고 보면서, 사실상 분리주의 원칙을 고수한 것이다.

그러므로 일본의 장애 아동 교육은 표면적으로는 특수교육에서 특별지원교육, 다시 특별지원교육에서 통합교육을 지향하는 것으로 바뀌었지만, 근본적으로 달라지지 않았다. 개별 학생의 특별한 교육적 필요를 의학적인 기준으로만 파악하고 장애를 개인이 가지고 있는 생물학적인 특성이라고 간주하는 모델을 고수했기 때문에, 특별지원교육의 의료화 medicalization가 오히려 진전됐다 Mithout, 2016. 그 결과, 2000년대 중반 이후 주의력 결핍, 과잉행동, 학습 지체 등을 '발달장애'로 판단하고, 본래 회색지대에 있었던 학생이 특별지원학교나 특별지원학급으로 배치되는 경우가 늘어났다.

특별지원교육으로 전환된 2007년에 특별지원학교 재학생 수는 8만 6,444명이었으나, 2020년에는 14만 4,823명으로 약 1.7배 증가했다 文部科学省初等中等教育局特別支援教育課, 2021. 또한, 초등학교와 중학교의 특별지원학급에 속한 학생의 수는 같은 기간 6만 6,681명 초등학교 4만 4,542명, 중학교 2만 2,139명 에서 30만 2,473명 초등학교 21만 6,738명, 중학교 8만 3,802명, 의무교육학교 1,933명 으로 약 4.5배 늘어났다. 이처럼 일본형 통합교육은 개별적인 필요에 따라 적합한 지원을 제공하여 개개인의 능력을 향상하고자 하는 발달보장론에 입각하고 있으며, 이러한 입장은 장애 아동을 특별지원학교·특별지원학급으로 분리해 가르치는 교육 방법과 친화성이 높다. 그러나 발달장애 학생 수가 증가하고 있음에도 불구하고, 일본의 학교와 교사들은 일반학급에서 이들의 교육적 요구를 충족시킬 준비가 제대로 되어 있지 않았다 Ito et al., 2022.

하지만 일본의 학교 현장에는 장애의 유무와 관계없이 모든 학생이 같은 학급에서 함께 공부하는 공생공학 또는 원학급보장 原学級保障 의 이념을 실천하는 흐름도 병존한다 片桐健司, 2009; 木村泰子, 2015; Futaba, 2016. 공생공학형 교육에서는 학생과 학생, 학생과 교사 간의 관계를 중시하며, 장애 아동을 분리해서 가르치는 대신 보조교사가 일반교실에 들어가서 장애 학생이 다른 학생과 더불어 배울 수 있도록 지원하는 방식을 우선시한다.

특히, 원학급보장 운동은 1970년대 중반부터 오사카의 일부 지자체에서 활발하게 전개됐다. 오사카에서는 전근대 시대 천민집단의 후손이라고 간주되는 부락민에 대한 차별 철폐를 요구하는 부락해방운동部落解放運動과 장애 아동에 대한 통합교육을 주장하는 원학급보장 운동이 "피차별자의 해방"이라는 관점에서 연대하며 발전했기 때문이다原田 他, 2020. 두 운동은 학급 구성원이 힘든 상황에 놓인 친구의 입장을 먼저 이해하고, 해당 학생이 포용적인 집단 속에서 자기 해방을 실현하는 것, 즉 "힘든 학생을 중심으로 한 집단 만들기"しんどい子を中心にすえた集団づくり를 중시한다는 점에서 일치했다.

공생공학형 통합교육은 각 개인이 집단 속에서 자신의 역할을 다하는 구성원으로 성장하는 것을 중시하는 일본 초·중등교육의 일반적인 특성과 관련 있다. 일본의 유치원, 초등학교, 그리고 중학교에서는 교사가 학생에게 일방적으로 지식을 전달하는 것보다, 학생 간의 모둠 활동을 통해 스스로 과제를 발견하고 해결하도록 하는 교육을 추구한다Cave, 2007, 2016; Tobin et al., 2009. 또한, 학급 청소와 같은 일상적인 활동, 문화제, 체육대회와 같은 행사를 통해서 개개인의 친분과 관계없이 학급의 일원으로서 행동하는 방법을 배우도록 한다. 이런 식의 교육과 활동을 통한 동료 만들기仲間つくり 또는 집단 만들기集団つくり가 일본 교육의 근본이라고 할 수 있다. 그러므로, 장애 아동을 가르치는 교사도 개별 학생에게 관심을 기울이면서도, 그 학생이 안고 있는 어려움을 전체 학급의 일상적인 활동의 맥락에서 접근하는 것을 이상理想으로 여긴다Yagata, 2019.

정리하면, 일본형 통합교육은 정책과 제도의 차원에서 볼 때 장애에 대한 개인 모델에 입각하고 있다. 아동의 장애 유형과 정도를 의학적으로 판단하고, 이에 따라 장애 아동을 따로 가르치는 것이 개별 아동의 필요를 가장 잘 충족시킬 수 있으며 아동의 발달에 최선이라고 여기는 것이다. 반면, 일본의 일부 지역과 학교에서는 장애는 기능적 어려움을 가진 사람이 활동하기 불편한 환경 탓에 발생하는 일이라고 간주하는 사회 모델에 입각해, 장애의 유무와 상관없이 모든 학생이 함께 배우는 교육환경을 조성하려는 노력을 꾸준히 실천하고 있다. 따라서, 일본형 통합교육에는 분리주의와 통합주의라는 이원적인 이념과 실천이 혼재되어 있다고 하겠다.

몽골 장애 아동 교육의 현황과 과제

몽골 장애 아동 교육 관련 법과 제도

몽골은 한국과 마찬가지로 6세부터 시작하는 12년제 교육과정을 운영하고 있다. 2005년에 아동 중심 교육으로의 전환을 교육방침으로 정하고, 2008년부터 입학 연령을 6세로 낮춰 단계적으로 10년제에서 12년제로 이행한 결과이다鈴木 他, 2018. 이로써, 2014-2015학년도에는 초등학교 5년, 중학교 4년, 고등학교 3년인 12년제 교육과정으로의 이행을 완료했다. 2018년 현재, 의무교육 단계인 초등학교부터 중학교까지의 학생 등록률은 97.1%에 달해 전 국민 기초교육은 충실하게 이뤄지고 있는 편이라고 평가할 수 있다UNESCO, 2020. 그러나 몽골에서 장애 아동은 그렇지 않은 아동과 완전하게 동등한 교육 기회를 누리고 있지는 못하다. 2010년대 이후, 장애 아동의 교육과 관련된 법과 제도가 급속히 정비되었지만, 아직 충분히 정착하지 못한 탓이다.

이를 위한 몽골의 법과 제도는 비교적 포괄적이고 광범위하다Sheizig & Newman, 2020. 2006년에 제정된 교육법은 "몽골 시민은 출신, 언어, 인종, 연령, 젠더, 발달상의 독특한 특질, 건강, 사회적 지위, 부, 고용상태, 직업상의 지위, 종교, 사상으로 인해 차별을 받아서는 안 된다"라고 규정하고 있다. 그리고 「2014-2015 국가교육 방침」에서는 "모든 정규·비정규 교육기관은 모든 연령집단의 교육 수요에 접근 가능한 서비스를 제공할 수 있어야 한다"라고 천명했다. 이에 따라, 2010년대 중반 이후 장애 아동의 교육을 뒷받침하기 위한 일련의 법적, 제도적 기반이 마련됐다.

우선 2016년의 장애인권리법은 장애 학생을 가르치고 지원하기 위해 특별지원교육, 교수법, 전략 등을 대학의 교사 양성 과정에서 의무적으로 다루도록 했다Odgerel, 2021. 초중등교육법 13조 3항은 "모든 중등학교는 장애가 있는 아동을 교육하기 위한 조건을 제공해야 한다", 13조 12항은 "중등학교에서 근무하는 교사와 사회복지사는 특별지원교육에 대한 지식과 장애가 있는 학생을 가르치고 지원하기 위한 교수법 및 전략에 관한 지식을 숙지해야 한다"라고 규정하고 있다. 이상의 법 규정은 장애 아동이 적절한 교육을 받을 수 있는 교육환경을 제공할 의무가 몽골 정부, 교육 당국, 그리고 교사에 있음을 명확하게 하고 있다.

이외에도, 몽골 교육부는 위와 같은 법률을 구체적으로 실현하기 위한 각종 법령을 발표했다. 예를 들어, 2018년 2월에 발표한 교육부령 115호MECSS Degree No. 155는 재학 중인 모든 장애 아동에 대해 개인별 발달 계획을 작성하고 이에 따라 해당 학생을 지도하도록 규정했다Sheizig & Newman, 2020. 그리고 동년 5월에 발표한 교육부령 A/425호MECSS Degree No. A/425는 개인별 발달 계획에 따라 교육을 받는 장애 아동의 발달 과정과 변화를 과정평가 방식으로 확인하도록 했다. 그리고 진급과 졸업도 이 학생들이 보인 발전 정도에 맞춰 유연하게 판단하도록 했다. 아울러, 몽골 교육부는 2018년 11월, 노동복지부, 보건부 등과 함께 장애가 있는 학생의 취학을 지원하기 위한 위원회를 설치했고, 2019년부터는 장애 아동에게는 일반 아동에 비해 3배까지 더 많은 재원을 투입하기로 했다. 초등학교 3학년을 마치는 시점부터 진급 시험이 있고, 초등학교 5학년, 중학교 4학년을 마치는 시점에는 입학시험이 치러진다는 점을 고려할 때鈴木 他, 2018, 교육부의 일련의 조치는 장애 아동을 교육제도 내에 포용하기 위한 것이라고 평가할 수 있다.

그러므로 2010년대 중반 이후, 몽골에서 장애 아동에게 양질의 교육을 제공하기 위한 법적, 제도적 장치는 신속하게 정비됐다고 할 수 있다. 다만 이것은 몽골 정부와 여러 국제기구의 노력을 통해, 몽골 학생들이 장애 유무와 관계없이 학교 교육을 받을 수 있는 제도적 틀이 이제 막 마련된 것에 불과하다. 다음 절에서 살펴볼 것처럼, 몽골에서 장애가 있는 아동 누구나 손쉽게 학교에 다니며 양질의 교육 서비스를 받고 있다고 말하기가 아직은 어려운 것이 현실이다.

몽골 장애 아동 교육의 현황

몽골의 광활한 영토, 유목이 몽골 주민의 주된 생업 중 하나라는 점, 장애를 판단하는 기준이 통일되어 있지 않은 점, 발달장애를 판단할 만한 의료 전문가가 충분하지 않은 점 등이 복합적으로 작용해서, 몽골 정부가 장애 아동의 수와 재학률을 정확하게 집계하기는 쉽지 않다. 2019년 아시아개발은행의 조사에 따르면, 장애가 있는 몽골 국민 중 20%는 어떤 단계의 교육도 전혀 받지 못했지만, 전체 인구 중에 아무런 교육도 받지 못한 사람은 4%에 불과했다Schelzig & Newman, 2020. 또한 같은 조사에서, 장애가 없는 3세에서 5세까지의 아동 중 32%가 유치원에 다니지 않았지만, 장애가 있는 해당 연령의 아동 중 64%가 유치원에 다니지 못했다. 몽골에서 취학 전 교육을 받을 수 있는지 없는지가 초등학교 진학 여부에 영향을 미친다는 연구 결과를 고려하면Kameyama, 2021, 영유아기부터 장애 유무에 따라 교육 서비스 접근성에 큰 차이가 존재하는 것은 간과할 수 없는 문제다.

여러 국제기구의 조사 결과에 따르면, 장애가 있는 몽골 아동의 초중고등학교 재학률은 낮다. START를 개시하기 전 JICA가 작성한 『몽골국 특별지원교육에 관련한 정보 수집·확인조사 보고서』에서도 몽골 정부가 장애 아동 중 학교 교육을 받지 못하는 학생 비율을 정확하게 파악하지 못하고 있다고 지적하고, 장애가 있는 학령기 아동의 43%가 학교에 다니지 못하고 있다는 유니세프의 2004년 조사 결과를 인용하며, 장애 아동 교육에 있어서 접근성의 문제를 제기했다 國際協力機構人間開発部, 2014. 유니세프가 2018년에 몽골 통계청과 실시한 사회지표 표본 조사 The Social Indicators Sample Survey, SISS 에 따르면, 장애의 유무에 따라 교육단계별로 재학률이 6% 초등학교 에서 13% 중학교 까지 차이가 났다 UNICEF, 2021. 특히, 의무교육의 마지막 단계인 중학교에서 장애가 있는 학생과 그렇지 않은 학생 사이에 재학률이 큰 차이가 난다는 점이 문제다. 왜냐하면, 이것은 이후 교육단계로의 진학에 직접적인 영향을 미칠 수 있기 때문이다.

한편, 몽골에서 장애 아동이 교육을 받는 시설로는 일반 학교, 특별지원학교, 평생학습센터가 있는데, 대부분의 장애 아동은 일반 학교에 다니고 있다. 2013-2014학년도에 1만 6,373명의 장애 아동이 초·중·고등학교에 재학 중이었는데, 이 중 1만 4,741명은 일반 학교에 다녔다 JICA, 2014. 통합교육을 장애가 있는 아동이 그렇지 않은 아동과 같은 교실과 학교에서 공부하는 것이라고 좁게 정의한다면, 몽골은 통합교육을 실현하고 있는 것처럼 보인다.

그러나 장애 학생에 대한 일반 학교의 대응에는 일관성이 없다. 예를 들어, 통합교육에 적극적인 교장이나 교사가 다른 학교로 이동하거나 퇴직하면 장애 아동을 더는 받지 않거나, 장애 아동을 위한 특별지원학급을 운영하는 학교도 이를 담당할 교사가 부족해서 한 학급이 졸업할 때까지 장애 학생을 추가로 받지 못하는 일이 발생하고 있다 國際協力機構人間開発部, 2014. 그러므로 몽골 정부가 장애 학생을 일반 학교에 진학하도록 하는 통합교육을 적극적으로, 그리고 일관되게 실시하고 있다고 보기는 어렵다.

오히려 일반 학교에 재학 중인 장애 학생의 비율이 높은 것은 몽골 내에 특별지원학교가 수도인 울란바토르를 제외하고는 다른 지방에는 거의 없다는 데서 연유한다. 현재, 몽골에는 특별지원학교가 울란바토르시에 6곳, 다르항올주에 1곳밖에 없다Schelzig & Newman, 2020. 울란바토르에 있는 특별지원학교 중에는 기숙사를 운영하는 곳도 있지만, 지방에 거주하는 장애 학생이 특별지원학교에서 교육받을 기회는 매우 제한적이다. 1989년까지는 전국에 국비로 운영되는 총 26곳의 특별지원학교가 있었지만, 1990년대 초 시장경제 체제로 이행하는 정치적, 경제적 혼란 속에서 특별지원학교가 수도에만 남게 된 것이다Batkhishing, 2017.

울란바토르의 특별지원학교 중 1곳은 청각장애 학생, 1곳은 시각장애 학생, 나머지 4곳은 지적장애 등이 있는 학생을 가르친다. 2017-2018학년도 기준으로 울란바토르의 특별지원학교에 재학 중인 학생은 초·중·고등학교를 모두 합쳐서 1,637명이다Schelzig & Newman, 2020. 특히 의무교육이 아닌 고등학교 과정까지 이수하는 학생의 수는 매우 적다. 왜냐하면, 지적장애 학생을 가르치는 특별지원학교에 고등학교 교육과정이 없기 때문이다JICA, 2014.

또한, 장애 아동 교육에 대한 사회적 인식이 부정적이라는 점도 장애가 있는 학생이 일반 학교에 다니는 요인으로 작용했다. "특별학교에 대한 편견이 뿌리 깊어서, 특별한 지원을 받을 수 없다고 하더라도 자녀를 일반 학교에 보내고 싶다고 생각하는 보호자가 적지 않다"国際協力機構人間開発部, 2014. 그러나 몽골의 일반 학교에는 장애가 있는 학생의 개별적인 요구와 필요를 충족하면서 제대로 된 통합교육을 제공할 수 있는 여건이 마련되지 않는 것이 현실이다.

교육 서비스에의 접근이라는 차원 외에도, 몽골은 장애가 있는 학생을

표 1 | 2017학년도 울란바토르시 특별지원학교의 재학생 수

특별지원학교	유형	합계	여학생	남학생	초등학교	중학교	고등학교
제55특별지원학교	지적장애	478	200	278	247	182	49
제63특별지원학교	지적장애	233	97	136	116	117	과정 없음
제29특별지원학교	청각장애	315	140	175	133	120	62
제116특별지원학교	시각장애	104	42	62	65	34	5
제25특별지원학교	지적장애	208	83	125	106	103	과정 없음
제70특별지원학교	지적장애	299	113	186	189	110	과정 없음
합계		1,637	675	962	856	665	116

출처: Schelzig, Karin and Kirsty Newman. 2020. Promoting Inclusive Education in Mongolia. ADB East Asia Working Paper Series 28: 5.

위한 교육의 질과 방식에서도 과제를 안고 있다. 1990년대 포스트 사회주의 체제로의 이행은 장애 아동 교육의 실천에도 영향을 미칠 수밖에 없었다. 1962년 불가리아에서 온 전문가가 시각, 청각장애 아동을 위한 특별학급을 설치한 것이 몽골 장애 학생 교육의 시작이라는 데서 드러나듯이 国際協力機構人間開発部, 2014, 1990년대까지 몽골의 특별지원학교와 이곳에서 가르칠 교사 양성 과정은 구舊사회주의권, 특히 소비에트 연방의 영향을 크게 받았다 Batkhishing, 2017. 몽골은 1990년 이전까지 소비에트 연방이나 불가리아에서 전문가를 초빙해서 연수를 받거나 이 국가로 유학한 사람들이 몽골로 돌아와서 교수법을 전수하는 식으로 장애 아동 교육을 수행할 교사를 양성했다. 그러나 1996년에 유학생이 몽골에 돌아온 것을 끝으로 구사회주의권으로의 유학 프로그램은 중단되었고, 1993년 몽골국립교육대학에서 시작된 특별지원학교 교사 양성 프로그램도 1997년부터 운영되지 못했다.

이로 인해 상당 기간 장애 아동 교육을 담당할 교사를 자체적으로 양성할 시스템을 갖추지 못해, 몽골 정부와 학교 당국은 장애 아동에게 수

준 높은 교육을 제공하기 곤란한 상황에 직면했다. 예를 들어, 제29특별 지원학교에는 러시아나 헝가리에서 교육받은 경력 교사들이 있었으나 START가 시작될 무렵에는 곧 정년퇴직을 앞두고 있었다 国際協力機構人間開発部, 2014. 반면 젊은 교사들은 몽골국립교육대학에서 장애 아동 교육에 관한 연수를 받으면서도, 과거 사회주의권의 교육방식이 국제적인 흐름에 뒤처진 것은 아닐까 우려했다. 예를 들어, 과거에는 청각장애인이 상대방의 입술 모양을 보고 뜻을 알아차리고, 자기도 그렇게 소리 내어 말하도록 하는 구화 口話 교육을 강조했지만, 젊은 교사일수록 이런 교육법을 계속해야 하는지 확신하지 못했다.

종합하면, JICA가 START를 시작하기 전 몽골의 장애 아동 교육에는 크게 두 가지 과제가 있었다고 할 수 있다. 한편으로는 장애 아동이 학교 교육을 받을 기회가 충분하지 못하다는 접근성의 문제였다. 장애 아동의 현황이 정확하게 파악되지 않았고, 특별지원학교가 전국에 골고루 설치되어 있지 않으며, 일반 학교에서는 교원의 변동에 따라 장애 아동에 대한 교육의 실시 여부가 좌우됐다. 다른 한편으로는 장애 아동에게 양질의 교육과 지원을 제공할 역량이 충분하지 못하다는 교육의 질의 문제도 있었다. 장애 학생을 위한 교육과정과 교과서가 마련되어 있지 않았을 뿐만 아니라, 교육 현장에서 장애 아동을 상대하는 교사도 체계적으로 교육을 받지 못하는 상황이었다.

이 때문에 START에서는 장애 아동의 상태를 조기에 파악하는 의료·복지 시스템을 구축하는 것에서부터 학교 현장에서 장애 학생의 필요에 맞춘 교육이 이뤄질 수 있도록 교재와 교수법 등을 개발하고 몽골 교사가 이것을 충분히 습득할 수 있는 연수제도를 마련하고, 궁극적으로 자체적인 교사 양성제도를 구축하는 것이 주된 과제로 등장했다.

START의 개요와 성과

START의 개요

START는 몽골 장애 아동의 교육 개선을 위한 국제협력 프로젝트로, 1단계는 2015년 8월부터 2019년 7월까지 진행됐고, 2단계는 2020년 9월에 시작해 2024년 1월까지 진행됐다. START 1단계에서는 "모든 장애 아동이 필요에 맞는 발달 지원 및 교육 서비스"를 받을 수 있도록 "장애 아동에 대한 진단·발달 지원·교육을 위한 모델"을 구축하는 것을 목표로 했다.[2] 이를 위해 JICA는 다음 4가지 사항을 성과outputs로 설정했다国際協力機構·株式会社コーエリサーチ&コンサルティング, 2019: ① 시범지역에서 관계 기관의 장애 아동에 대한 진단과 발달 지원 실시 능력 강화, ② 시범학교에서 관계 기관의 지적 장애를 포함한 장애 아동을 위한 수준 높은 교육을 제공하는 능력 강화, ③ 미니 프로젝트를 통해 다양한 장애 아동의 필요를 수용할 수 있는 다양한 교육활동 검증, ④ 위의 내용을 각 관계자와 공유하여 국가 제도와 정책에 반영.

START 1단계는 장애 아동 교육에 관한 일본-몽골 간 첫 교육 협력 프로젝트인 만큼, 몽골 전역에서 바로 시행하지 않고 대상 지역을 한정해서 실시됐다. 진단·발달 지원 모델을 개발하기 위한 시범지역으로는 울란

---

2 JICA, プロジィクトの概要. https://www.jica.go.jp/project/mongolia/013/outline/index.html (2022.8.13.search). 한편, 비대면 인터뷰(2022.8.1.)에서, START 실무 책임자인 스즈키 사야카(鈴木サヤカ)는 몽골의 장애 아동 교육에 관한 현황을 파악한 후 제안했던 3가지 사업 중에서(Kokusaikyōryokukikō Ningenkaihatsubu, 2014), "특별교육의 질 향상"이 본 연구가 대상으로 하는 START 1단계로 발전되었다고 언급했다. 다른 두 가지 제안 사항 중, "유치원을 의료의 장으로 승화"하는 것은 START 2단계에 포함되었으며, "장애를 가지고 있는 자의 사회참여 추진"은 JICA 몽골사무소가 담당한 '울란바토르시 장애인 사회 참가 촉진 프로젝트'(ウランバートル市における障害者の社会参加促進プロジェクト, 2016년 6월-2020년 5월)와 '장애인 취업지원제도 구축 프로젝트'(障害者就労支援制度構築プロジェクト, 2021년 2월-2025년 1월)에 반영됐다.

바토르시 바양골구Bayangol District와 홉스골현Khuvsgul Province을 선정했고, 교육 개선 모델을 개발하기 위한 시범학교로는 지적장애 아동을 가르치는 특별학교 4곳과 일반 학교 10곳울란바토르시 8곳, 홉스골현 2곳을 선정했다. 그리고 "장애 아동에 대한 진단, 발달 지원, 교육을 위한 모델"을 개발하는 것이 목표인 만큼, 몽골의 교육, 보건, 사회보장 관련 부처와 기관도 참여하도록 했다国際協力機構・株式会社コーエリサーチ&コンサルティング, 2019.

START 2단계는 START 1단계에서의 활동을 계승하면서 "2세에서 16세까지 장애 아동의 발달 지원 및 교육 서비스를 몽골 전역에 보급"하는 것을 목표로 했다. 이를 위해 START 2단계에서는 다음의 4가지 사항을 성과로 설정했다: ① 전국의 지부 위원회 교육담당자의 능력 강화, ② 전국 유치원에서 장애 아동을 위한 발달 지원 및 교육 서비스의 제공을 위한 실시 기반제도, 계획, 인재 등 정비, ③ 전국의 초등학교와 중학교에서 장애 아동의 발달 지원 및 교육 서비스의 제공을 위한 실시 기반제도, 계획, 인재 등 정비, ④ 유치원·초등학교·중학교 교사가 장애 아동의 발달 지원 및 교육 서비스에 관해 현직 교사 연수온라인 연수, 직접 연수를 수료.[3]

START 2단계에서는 1단계의 결과를 기초로 나이에 따라 세분화된 서비스를 개발하려는 의도가 두드러진다. 또한, JICA 본부 인간개발부 기초교육그룹 기초교육 제1팀의 추조 요시히코中条典彦 과장이 온라인 인터뷰에 이야기한 바와 같이, 유아교육 단계의 장애 아동을 위한 교육에 다른 국가가 별로 지원하지 않는 데 비해, JICA는 이 프로젝트를 통해 유치원 단계부터 초점을 맞추고 있다. 몽골에서도 장애 아동이 유치원에 다닐 경우, 이후의 교육단계로 더욱 순조롭게 이행한다는 점을 고려할 때

3 JICA. プロジェクト概要. https://www.jica.go.jp/project/mongolia/029/outline/index.html (2022.9.26.search).

Kameyama, 2021, 취학 전부터 장애 아동 교육을 강화하는 것은 유의미한 시도로 보인다. 다음 절에서는 이 연구를 수행한 시점에 성과 평가 보고서 등을 이용할 수 있었던 START 1단계에 초점을 맞춰 분석하고자 한다.

START 1단계의 주요 활동

START 1단계의 성과 ①은 관계 기관이 장애 아동의 진단과 발달 지원을 수행하는 능력을 강화하는 것을 목표로 하고 있다. START 1단계에서는 이를 실현하기 위한 구체적인 활동으로, 18개월 아동을 대상으로 한 건강진단을 도입하고, 모자건강수첩을 활용하며, 장애 아동을 위한 포괄적인 발달 지원 핸드북 등을 제작했다国際協力機構·株式会社コーエリサーチ&コンサルティング, 2019. 현재 몽골에서는 아동의 장애 조기 발견이 어려운 실정으로, 해당 아동과의 조기 접촉은 장애 아동 지원을 위한 전반적 계획에서 핵심적인 부분을 차지한다国際協力機構·株式会社コーエリサーチ&コンサルティング, 2019. 따라서 START 1단계에서는 유아 건강검진 및 발달 지원에 관한 일본의 경험을 바탕으로, 영유아 조기 검진 시스템을 2017년 5월에 울란바토르시 바양골구에, 2017년 10월에는 홉스골현에 시범 도입했다国際協力機構·株式会社コーエリサーチ&コンサルティング, 2019.

문진표는 프로젝트팀과 바양골구 보건센터가 공동으로 작성하여, 시범 운영과 연수를 통해 개정한 뒤 확정했다. 검진의 질을 보장하기 위해 '18개월 유아 검진의 관리·감독 연수'를 실시하고 이를 위한 핸드북도 작성했다. 13명의 의료 관계자가 이 연수를 받았고, 가정보건센터를 순회하며, 장애 아동을 조기에 발견하기 위한 방법을 전수했다. 또한, 발달 지표의 내용, 평가 방법, 가정의가 진찰한 내용 등을 보호자가 쉽게 이해할 수 있도록 '18개월 유아 건강 검진 실시 핸드북'을 작성하여 각 가정보건센터에 보급했다.

한편, 보호자가 자녀의 건강 상태에 주의를 기울이도록 모자건강수첩의 활용을 권장했다. 모자건강수첩은 2007~2009년 일본의 국립성육의료연구센터国立成育医療研究センター가 과학연구비조성사업을 받아 호루간현에 실시한 프로젝트를 통해 몽골에 이미 소개되었으나, 이 프로젝트가 끝난 후 제대로 활용되지 못했다. JICA 보고서에 의하면, 모자건강수첩에는 발달지표 관련 항목이 있지만, 가정보건센터 가정의가 보호자의 기재 여부를 확인하는 데 그쳤다. 따라서 발달지체 여부를 조기에 파악하는 데 도움이 되지 않았으며, 발달지체를 확인하더라도 충분한 대응이 이뤄지지 않았다国際協力機構·株式会社コーエリサーチ&コンサルティング, 2019.

START 1단계 기간 중, 모자건강수첩 활용을 촉진할 인력을 양성하기 위해, 연수를 받은 바양골구와 홉스골현의 의료관계자 14명이 시범지역의 가정보건센터의 의료관계자에게 연수 및 순회지도를 했다. 가정의를 포함한 관계자가 참고할 『모자건강수첩의 활용 핸드북』도 만들었다. 여기에는 각 연령별 발달지표, 평가 방법, 아동의 발달을 촉진하는 보호자 대상 조언 등이 쉽게 설명되어 있었다. 몽골에서는 아동이 지역별 가정보건센터에 배정되는데, 이곳을 통해 모자건강수첩도 활용하고 18개월 검진도 실시하도록 했다国際協力機構·株式会社コーエリサーチ&コンサルティング, 2019. 또한, 어느 센터에서나 아동과 보호자에게 똑같은 질문을 하도록 교육하고, 사례검토회의 제도를 수립하며, 보호자-아동 모임 등을 만들어 장애 아동을 양육하는 가정을 통합적으로 지원하도록 했다.

이러한 노력 덕분에, 2019년 2월 말 18개월 유아의 건강검진 평균 수검률이 바양골구에서는 75.7%, 홉스골현에서는 73.1%를 기록했다JICA & KRC, 2019. START 시작 전인 2015년에, 바양골구에서는 수검 사례가 46건이었는데, 2018년에는 588건으로 늘어났고, 홉스골현에서도 같은 기간

265건에서 475건으로 늘어났다.[4]

START 1단계의 성과 ②는 시범학교를 선정하여, 장애 아동을 위한 수준 높은 교육을 제공하도록 학교의 역량을 강화하는 것이었다. 이를 위한 활동으로 개별 교육 계획 공통 양식 개발 및 핸드북 작성, 장애 아동이 있는 일반 학교의 교사를 대상으로 한 연수, 아동발달센터의 설치 등이 이뤄졌다 国際協力機構·株式会社コーエリサーチ&コンサルティング, 2019. 이 중에서도 장애 아동의 특성에 맞는 교육을 실시하기 위해 개별 교육 계획을 수립하기 위한 통일된 틀을 만드는 것이 성과 ②의 핵심적인 활동이었다.

몽골의 교사 중에 장애 아동에 따라 개별적인 교육 계획을 세우고 이에 맞춰 수업을 진행하는 교사도 있었지만, 일본 측 전문가는 교사마다 서로 다른 양식을 사용하고 있어 효과적인 교육이 이뤄지기 어렵다고 보았다 上原 他, 2018. 따라서, 시범학교별로 워킹그룹 10명 을 구성하고 학급별로 1명의 아동 지정한 뒤, 해당 학생에 대한 개별 지도 계획 양식을 몽골과 일본의 양식을 비교하며 장단점을 반영해서 개발해 나갔다. 이 수정안을 토대로 해당 학생에 관한 개별 지도 계획-지도안을 작성하고, 워킹그룹에 속한 몽골 교사와 일본 측 전문가가 함께 연구수업도 실시했다. 연구수업 후 논의를 통해 최종안을 확정하는 데까지 총 4개월 2016년 11월-2017년 3월 이 걸렸다. 이로써 몽골의 교육 현실에 적합한 개별 지도 계획 양식이 마련됐다.

START 1단계의 성과 ③은 미니프로젝트를 통해 다양한 교육 형태의 효과를 검증하는 작업이었다. 미니프로젝트는 2016-17학년도와 2017-18학년도에 걸쳐 총 두 차례 진행됐다. START 1단계 시행팀은 미니프로젝트 기간이 종료되더라도 해당 활동을 지속할 수 있고, 전국에 보급할 만한 활

---

4 온라인 인터뷰에서 START 실무 책임자인 스즈키 사야카는 START 2단계부터는 몽골 전역에서 18개월 유아를 대상으로 한 건강검진을 실시하고 있다고 언급했다.

동을 우선하여 선정했다国際協力機構·株式会社コーエリサーチ&コンサルティング, 2019.

제1회 2016-17학년도에는 몽골 전역에서 35건의 신청을 받아, 위 조건에 부합하는 8건을 후보안으로 선정했고, 면담 진행 후 특정 도시의 학령기 다운증후군 학생에게 체육·음악·미술 수업을 진행하는 계획 등 3건의 미니프로젝트를 채택했다. 각 프로젝트에 배정된 예산은 1,000만 MNT였다. 제2회 2017-18학년도에는 몽골 전국에서 101건의 신청이 있었고, 3차 심사서류, 전화 면접, 직접 면접 후 청각장애와 지적장애가 있는 아동을 위한 단어·문장 카드 제작·배포 등의 3건의 미니프로젝트를 채택했다. 제1회와는 달리 환율 문제로 미니프로젝트별 예산이 1,200만MNT로 증액됐다国際協力機構·株式会社コーエリサーチ&コンサルティング, 2019.

START 1단계의 성과 ④는 위 성과들을 관계자와 공유하여 제도와 정책에 반영하는 작업이었다. 구체적으로는 경험 공유 세미나 개최, 현직 교사 연수 제도의 개선, 교원 양성 커리큘럼 개선, 장애 아동을 위한 캠페인 등을 통해 성과 공유가 이뤄졌다国際協力機構·株式会社コーエリサーチ&コンサルティング, 2019. 이 중에서 현직 교사 연수는 2016년 12월에 총 3회에 걸쳐 1년차, 5년차, 10년차 교사로 나눠서 진행했고, 사전 연수, 교원연수소에서의 집단 연수, 사후 연수로 이뤄졌다. 사전 연수와 사후 연수는 통합교육 코스라는 이름으로 '온라인 시스템'을 활용해 진행했다. 그리고 미니프로젝트에서 개발된 교재를 전국의 교사가 참고할 수 있도록 교사 연수 홈페이지를 통해 공유했다国際協力機構·株式会社コーエリサーチ&コンサルティング, 2019.

한편, 교사 양성 커리큘럼 개선은 몽골국립대학에 2016년부터 '특별지원교육 교사 양성 코스'3.5년를 설치하고, 2017년 12월에 비로소 특별지원교육 학부 설립을 통해 실현했다. 코스 설립 초기에는 7명의 몽골인 프로젝트 관계자가 시범 프로그램의 강의자로 나서 장애 아동 교육을 위한 교육과정 개선에 기여했다 国際協力機構·株式会社コーエリサーチ&コンサルティング, 2019. 이

로써, 몽골 자체적으로 장애 아동 교육을 담당할 교사를 양성하는 제도적 토대가 마련됐다.

START에 반영된 일본형 통합교육의 특징

통합교육에 관한 일본 유일의 국립연구기관인 특별지원교육종합연구소NISE가 2015년에 발행한 리포트『NISE 연구성과보고 요약집: 헤이세이 27년도 종료과제』에 따르면, 일본에서도 2015년 4월에야 장애인 차별해소법이 시행되어, 장애 아동에 대한 합리적 배려가 제공되는 구체적인 단계에 진입했다독立行政法人国立特別支援教育総合研究所, 2015. 그러나 일본조차도 장애 아동을 위한 통합교육 시스템에 대한 정보가 부족하며, 통합교육 혹은 합리적 배려 같은 용어가 아직 보편화되지 않은 상태라고 지적했다独立行政法人国立特別支援教育総合研究所, 2015.

온라인 인터뷰에서도 START 실무책임자 스즈키 사야카는 일본형 통합교육의 장점은 특별지원학교가 있어서 장애가 심한 아동도 학교 교육을 받을 수 있고 개별적인 지도를 받을 수 있으며, 교육제도 내에 다양한 선택지가 존재한다는 점이라고 했다. 그러나 일본의 이런 방식이 통합교육을 실현하는 유일한 방법이라고 할 수는 없으며, UN 장애인권리협약 제24조에서 규정하고 있는 통합교육과는 다르다는 지적도 많다고 덧붙였다. 그러면서 2절에서 이미 살펴본 바와 같이, 오사카의 학교를 중심으로 장애의 유무와 관계없이 모두 같은 교실에서 공부하는 방식도 존재한다고 말했다.

START에는 일본형 통합교육의 이러한 이원적 특성이 고스란히 드러난다. 한편으로는 장애 조기진단을 중시해 모자건강수첩을 보급하고 18

개월 검사를 제도화했으며, 아동별로 개인별 지원 계획을 수립하는 시스템을 갖추었다. 즉, 장애를 개인이 가진 의학적 특성이라고 간주하고, 이에 대한 개별적인 접근을 제도화한 것이다. START 시행팀은 "장애를 조기에 발견해 지원에 연계하는 일"이 중요하다고 보았으며, 이는 발달장애에 대한 보호자의 인식이 낮아 발달지체가 늦게 발견되고 2차 장애로 이어지는 경우가 많기 때문이다 モンゴル国障害児のための教育改善プロジィクト, 2019c. 또한, START 시행팀은 장애 아동을 가르치는 데 적용할 수 있는 교수법을 소개하는 핸드북을 START의 결과물로 내놓았다. 『장애 정도가 심한 아동을 위한 지도법 핸드북』은 장애 아동이 습득해야 할 발달과제를 신변 자립, 운동·조작, 언어·인지·수, 커뮤니케이션·사회성 등 네 가지 영역으로 나누고 영역별로 수업에서 활용할 수 있는 다양한 활동을 소개했다 モンゴル国障害児のための教育改善プロジィクト,2019a. 이 책의 활동들은 모두 교사와 장애 아동 간 일대일 지도를 전제로 하며, 다른 아동과의 상호작용은 고려되지 않았다. 이는 "발달 영역과 순서를 고려해서, 각자의 실태에 맞는 수업을 고안하는 것이 중요하다"라는 인식에서 비롯되었다 モンゴル国障害児のための教育改善プロジィクト, 2019a.

START 시행팀이 발간한 또 다른 안내서인 『학습 지체 및 행동에 어려움이 있는 아동을 위한 지원 핸드북』은 듣기, 말하기, 읽기, 쓰기, 계산, 시간·공간·인과관계 이해하기, 신체 움직이기, 대인관계, 행동하기 주의산만, 충동성 등 9가지 영역별로 학생 상태 확인을 위한 체크리스트를 제시하고, 영역별로 과제가 있는 아동을 START가 실시된 시범학교의 교사가 지도한 사례를 소개하고 있다 モンゴル国障害児のための教育改善プロジィクト, 2019b. 단, 이 체크리스트는 "일상의 학교생활과 수업에서 과제가 있는 아이들의 어느 부분에 필요가 있는지 파악하는 것을 목적"으로 하는 것이며, "장애를 판별하는 것을 목적으로 한 것이 아니"라는 점을 명확히 했다 モンゴル国障害児のため

の教育改善プロジィクト, 2019b.

이 책자를 통해 START 시행팀이 특정 영역에 과제가 있는 개별 아동의 상황을 총체적으로 파악하는 것을 중시한다는 점을 알 수 있다. 이 책에는 아동의 학년, 실시 기간, 아동의 특징 및 학습상의 문제점, 문제 발생의 이유, 합리적 배려와 구체적인 지원 내용, 활동의 성과와 개선점, 성과를 되돌아본 담임교사의 평가와 감상 등이 자세하게 기록되어 있다. 예를 들어, 계산에 어려움을 겪고 있는 2학년생의 경우, 수업에 빠지는 일이 잦고 산수 수업에 집중하지 못하는 것을 학습 지체의 1차적인 원인으로 봤다 モンゴル国障害児のための教育改善プロジィクト, 2019b. 하지만 학부모와의 상담을 통해 아동의 아버지가 일 때문에 지방 출장이 빈번하고, 어머니는 유아를 보살펴야 해서 해당 아동의 등교를 챙겨주기 힘들 때가 있는 것이 근본적인 문제라는 것을 발견했다. 따라서 이 아동을 교실 맨 앞줄이나 성적이 우수한 학생 옆자리에 앉혀 수업에 집중하도록 돕는 한편, 집이 가까운 친구와 함께 등교할 수 있도록 했다. 그 결과, 담임 교사는 아동의 산수 능력이 향상되었을 뿐만 아니라 학습 의욕도 높아져서, 가정에서 숙제를 해오게 됐다고 보고했다. 이처럼 START에서는 개별 아동의 필요를 종합적으로 파악하고 그에 맞춰 개별적으로 대응하는 것을 강조했다.

START 시범학교에서 위와 같이 세심한 지도가 가능했던 것은 START 시행팀이 일본의 특별지원학교에서 하는 것과 마찬가지로, 장애 아동별로 개별 교육 계획을 작성해 학생의 필요에 맞춰 지도 내용과 지도 방법을 고안하도록 독려한 덕분이었다 上原 他, 2018. 앞 절에서 설명한 바와 같이 START를 통해 특별지원학교 4곳에서 공통 양식에 따라 상세한 개별 교육 계획을 수립하도록 지원했다. 개별 교육 계획 양식에는 실태 파악, 장기목표 설정, 단기목표 설정, 지도 내용·지도 방법 설정, 지도 과정 기록, 지도 내용, 방법 평가 등이 포함됐다. 이 방법 역시 장애 아동의 개별적인 필요 파악을 중시하는 일본형 통합교육의 특성이 반영된 것이다.

한편, START에서는 일본형 통합교육의 다른 측면인 집단 속에서의 배움을 강조하는 지점도 발견할 수 있다. 『학습 지체 및 행동에 어려움이 있는 아동을 위한 지원 핸드북』에는 뇌 손상으로 인해 시력이 좋지 않고, 학습 능력만이 아니라 커뮤니케이션 능력이 부족한 6학년 학생의 사례가 소개되어 있다 モンゴル国障害児のための教育改善プロジィクト, 2019b. START 시범학교의 교사는 한편으로 학생이 이해할 수 있도록 수업 내용을 간단하게 나눠서 진행하는 한편, 학급 친구들과 협력하는 능력을 기르도록 유도했다. "대상 아동만을 지도하는 것이 아니라, 학급 전체적으로 지도한" 이유는 "대상 아동이 다른 사람과 커뮤니케이션, 협력하는 능력을 기르고, 수업 이외의 시간에도 사회성을 높이기 위해서"였다. "친한 친구들과 함께 칠판에 나와 계산을 하거나, 쉬는 시간에 친구들과 어울려 놀고, 친구들과 같이 복습하며, 친구들의 감상을 듣고, 칭찬함"으로써, "학급 구성원 모두가 서로 이해해야 한다는 점을 이해시키는 데" 역점을 뒀다. 이를 위해 "학급 전원을 대상으로 게임이나 시합 등을 실시"했다. 결과적으로 이 학생은 친구들과 어울리는 것을 좋아하게 되고, 학급 활동에 적극적으로 참여하게 되었으며, 교사와도 원만하게 대화를 나눌 수 있게 됐다.

부모자녀교실 親子教室 도 장애를 개인의 속성이라기보다 사회적 환경 탓에 발생하는 것으로 전제하는 사회 모델에 입각한 프로그램이라고 할 수 있다 モンゴル国障害児のための教育改善プロジィクト, 2019c. 일본의 각 지방자치단체가 실시하는 것처럼, START에서도 18개월 정기 검진 후 "장애나 발달지체가 있는 아동"에게 "집단으로 놀 수 있는 장을 제공"하고, 보호자에게도 자녀 양육에 대한 상담과 유치원 입학으로의 연계 지원 등을 하는 부모자녀교실을 실시했다 モンゴル国障害児のための教育改善プロジィクト, 2019c. 부모자녀교실은 10명 정도의 아동이 한 달에 한 번씩 똑같은 활동을 총 6회 반복하는 방식으로 운영됐다. 같은 활동을 되풀이하는 이유는 아동의 점진적인 변화를 관찰하기 위해서였다. 그러나 이를 통해 장애나 발달지체를 교정하려는 것만은 아니었다. "장애의 유무와 관계없이, 취학 전 교육에서는 집단생활의 경험이 중요"하며, "부모자녀교실에서의 경험을 바탕으로 아동이 취학 전 교육의 장인 유치원에 들어가, 안정된 생활을 할 수 있도록 하는 것"을 목표로 했다モンゴル国障害児のための教育改善プロジィクト, 2019c. 궁극적으로 부모자녀교실은 "아동의 기능 장애를 회복하려는 프로그램이 아니라 아동과 가족의 강점에 주목하여 긍정적으로 관계를 맺으면서, 아동의 건강한 성장을 뒷받침하는 환경가족과 사회을 만드는 것을 기본"으로 했다モンゴル国障害児のための教育改善プロジィクト, 2019c.

부모자녀교실에 참여한 교사나 보호자 모두 긍정적인 반응을 보였다. 한 유치원의 교장은 "우리들이 실시한 프로그램에 참여한 모든 아동이 다른 아동이나 보호자, 교사와 관계 맺기를 통해, 언어, 행동, 건강, 정신 발달에 많은 바람직한 변화를 보여서, 교사인 우리와 여러 관계자가 용기와 에너지를 얻었다"라고 이 프로그램의 의의를 높이 평가했다モンゴル国障害児のための教育改善プロジィクト,2019c. 또한, 이 프로그램에 참여한 보호자도 "부모자녀교실 계기로 자녀가 특별 유치원에 다니기 시작"했다거나, "아동도 새로운 환경에 익숙해져 사회성이 향상되었다"라고 느꼈다モンゴル国障害児のための教育改善プロジィクト,2019c. START 시범지역에 한정된 사례이기는 하지만, 부모자녀교실을 통해 "장애의 유무와 관계없이, 취학 전 교육에서는 집단생활의 경험이 중요하다"라는 일본의 교육 이념을 잘 구현한 셈이다モンゴル国障害児のための教育改善プロジィクト, 2019c.

정리하면, START에는 일본형 통합교육의 두 가지 요인이 복합적으로 반영되어 있다. 다만 이것이 반드시 두 가지 요소가 충돌하고 있다는 것을 의미하지는 않는다. 왜냐하면, 장애가 있는 아동과 그렇지 않은 아동이 상호작용할 수 있도록 수업을 구성하기 위해서도, 전자의 필요를 개별적으로 파악하는 일은 필수적이기 때문이다. 장애 아동 개개인의 상황을 종합적으로 판단한 후에야 비로소 이 학생이 다른 학생과 자유롭게 어울릴 수 있는 교육환경과 또래집단을 만들 수 있다. 현재 몽골에서 장애가 있는 아동의 대부분은 일반 학교에 다니고 있다는 점을 고려하면, START를 통해 소개된, 개별 학생의 필요에 초점을 맞추면서도 그 학생이 다른 학생과 집단의 일원으로 성장할 수 있도록 하는 일본형 통합교육의 특성을 몽골의 교육 현장에 잘 구현할 필요가 있다.

몽골의 통합교육에 대한 전망

이 연구에서는 주로 공여국인 일본의 장애 아동 교육이 몽골에서 진행된 기초교육 분야의 국제협력에 어떻게 투영되었는가를 고찰했다. 일본형 통합교육의 장점은 학생 한 명 한 명 상황에 맞춰 상세한 지도 계획을 수립하고 이로써 개별 아동의 필요를 최대한 충족시킨다는 점이다. 이런 점은 START에서 몽골 전역에 장애의 유무를 조기에 판단하는 시스템을 구축하고, 장애가 있는 아동에 관한 제반 사항을 상세하게 파악하는 계획을 수립하는 체계를 마련하는 데 반영됐다. 하지만 동시에 개별교육계획에 따라 장애 아동을 교육하더라도, START에 참여한 일본 전문가는 몽골 교사들이 학급 전체 속에서 해당 아동을 가르치도록 조언했다. 즉, 이 연구는 START에 일본형 통합교육 내부의 개별적 접근과 집단적 접근이 절충된 형태로 반영됐다는 점을 보여주었다.

이 연구는 국제 교육 협력의 성공이 수원국과 공여국 모두의 노력에 기인한다고 본다. START 프로젝트는 일본 전문가가 일방적으로 강요한 것이 아니라, 몽골의 교사 및 관리들과의 협력을 통해 일본식 통합교육이 조율되면서 효과적으로 실행됐다. START 실행 팀은 18개월간의 건강검진 설문조사, 개별 지도 계획, 교사 연수 프로그램, 고등교육 내 통합교육 커리큘럼 개발에 몽골 측 이해관계자들을 적극적으로 참여시켰다. 또한 START에 참여한 몽골 전문가들은 이러한 기술과 도구를 몽골 전역의 학교와 지역 보건센터의 동료들과 공유했다. 이처럼 일본과 몽골이 프로젝트를 공동으로 수행한다는 인식은 일본의 통합교육 실천이 몽골에 원활히 통합되는 데 기여했다. 따라서 이 연구는 국제 교육 협력의 효과적인 실행은 주인의식ownership과 균형 잡힌 파트너십에 의해 형성된다는 점을 확인시켜 준다Colclough & De, 2010; Higgins & Rwanyange, 2005; Lee, 2013.

그러나 몽골에서 현장 연구를 하지 못한 점, 언어상의 제약으로 몽골 정부의 문서나 교사의 입장을 검토하지 못한 점 등과 같은 연구 방법상의 한계 때문에, 이 연구에서는 START를 수원국의 관점에서 충분히 분석하지 못했다. 하지만, 몽골의 장애 아동 교육의 역사와 현황을 고려할 때, 앞으로 몽골에서 이를 위한 교육이 어떤 식으로 진행될지 전망해볼 수 있다.

몽골은 구조적으로 통합교육을 실천하지 않으면 안 되는 상황이다. 사회주의 체제였을 때는 국가가 전국에서 특별지원학교를 설치하고 운영했지만, 현재는 사실상 수도에만 특별지원학교가 있는 셈이다. 물론 특별지원학교를 전국으로 확대할 수도 있지만, 이를 위해서는 상당한 재원이 소요된다는 점에서 단시간에 1990년대 이전 수준으로 특별지원학교를 확장하기는 어려울 것이다. 더구나 전 세계적으로 포괄적인 의미에서 통합교육이 추진되고 있어서 몽골 정부가 장애 아동에 분리주의적 교육을 적용하려고 하면 국제기구의 지원을 받기 어려울 수도 있다. 또한, 2000년대 이후 통합교육의 이념과 방식을 접한 몽골의 신세대 교사들이 특별지원학교를 통해 이뤄지는 분리주의적 교육법에 찬성하지 않을 수도 있다.

특별지원학교가 거의 없고 학교에 다니는 장애 아동의 90% 이상이 일반 학교에 재학 중인 몽골의 상황은 통합교육의 이상을 실현하는 데 오히려 유리하게 작용할 수 있다. 장애 아동과 보호자는 일반 학교 이외의 선택지가 없는 셈이고, 통합교육을 위한 각종 법과 제도가 정비된 상황에서 교사가 장애 아동의 취학을 막을 근거도 없다. 물론 장애 학생을 담당하는 교사에 대한 추가적인 지원, 통합교육을 실천할 수 있는 전문 인력의 체계적인 양성, 그리고 통합교육에 대한 몽골 학부모의 부정적인 인식 극복 등 해결해야 할 과제가 적지 않다. 그러나 START를 통해 도입한, 장애 아동에 대한 개별화된 접근법과 사회성의 향상에 방점을 둔 공생공학형의 교육법을 일반 학교에서 잘 접목한다면, 몽골은 통합교육의 이상을 잘 실현할 수 있을 것이다.

참고문헌

박화문 (2006), "일본 특별 지원 교육 성립 배경과 특징", 『특수교육저널: 이론과 실천』 7권 4호. 243-259.

윤희봉(2017), "일본 인클루시브 교육의 동향과 과제", 『한국일본교육학연구』 22권 2호. 49-69.

정봉근·박환보 (2013), "일본 교육 ODA 거버넌스의 특징과 시사점", 『국제개발협력연구』 5권. 131-159.

추연구 (2009), "일본 특별지원교육의 동향과 특징에 관한 연구", 『특수교육교과교육연구』 2권 1호. 1-29.

有松玲 (2013),「ニーズ教育(特別支援教育)の"限界"とインクルーシブ教育の"曖昧":障害児教育政策の現状と課題」.『立命館人間科学研究』 28:41-54. https://doi.org/10.34382/00004300

上原翔子·守屋仁香·石井徹弥·鈴木サヤカ·西村久美子·桜井良平·大伴潔·林安紀子·橋本創一·菅野敦·根本友己(2018),「授業改善に向けた個別教育計画の活用:モンゴルの公立学校における実践.」『東京学芸大学教育実践研究支援センター紀要』 14: 155-160. http://hdl.handle.net/2309/149957

伊藤駿 (2019),「インクルーシブ教育研究の論点整理: インクルーシブ教育の4つの要素に基づいて」.『教育文化学年報』 14: 22-31. https://doi.org/10.18910/72908

片桐健司 (2009),『障害があるからこそ普通学級がいい: 障害児を普通学級で受け入れてきた教師の記録』. 千書房.

木村泰子 (2015),『みんなの学校が教えてくれたこと』. 小学館.

国際協力機構·株式会社コーエリサーチ&コンサルティング (2013),『モンゴル国子どもの発達を支援する指導法改善プロジェクト(フェーズ2)プロジェクト事業完了報告書』. Retrieved July 1, 2022, from https://openjicareport.jica.go.jp/245/245/245_115_12125886.html

国際協力機構人間開発部 (2009),『モンゴル国子どもの発達を支援する指導法改善プロジェクト終了時評価調査報告書』. Retrieved July 1, 2022, from https://openjicareport.jica.go.jp/245/245/245_115_11989126.html
国際協力機構人間開発部 (2014),『モンゴル国特別支援教育にかかる情報収集·確認調査報告書』. Retrieved July 1, 2022, from https://openjicareport.jica.go.jp/pdf/12183372.pdf
国際協力機構人間開発部 (2019),『モンゴル国 児童中心型教育支援プロジェクト事業完了報告書』. Retrieved July 1, 2022, from https://openjicareport.jica.go.jp/pdf/12335063.pdf
国際協力機構·株式会社コーエリサーチ&コンサルティング (2019)『モンゴル国障害児のための教育改善プロジェクト 事業完了報告書』. Retrieved July 1, 2022, from https://openjicareport.jica.go.jp/248/248/248_115_12334884.html
外務省 (2015),「平和と成長のための学びの戦略: 学び会いを通じた質の高い教育の実現」. Retrieved August 12, 2022, from https://www.mofa.go.jp/mofaj/gaiko/oda/bunya/education/pdfs/lspg_ful_jp.pdf
鈴木サヤカ·石井徹弥·上原翔子·守屋仁香·西村久美子·桜井良平·大伴潔·林安紀子·橋本創一·菅野敦·根本友己 2018,「モンゴルにおける障害のある子どもたちの教育」.『東京学芸大学教育実践研究支援センター紀要』14: 147-154.
独立行政法人国立特別支援教育総合研究所 (2015),『NISE 研究成果報告書サマリー集【平成27年度終了課題】』. https://www.nise.go.jp/nc/report_material/research_results_publications/report_summary
原田琢也 (2016),「日本のインクルーシブ教育システムは包摂的 (インクルーシブ) か?: サラマンカ宣言との比較を通して」.『法政論叢』52(1): 73-85. https://doi.org/10.20816/jalps.52.1_73
原田琢也·濱元伸彦·堀家由妃代·竹内慶至·新谷龍太朗 (2020),「日本型インクルーシブ教育への挑戦: 大阪の「原学級保障」と特別支援教育の間で生じる葛藤とその超克」.『金城学院大学論集: 社会科学編』16(2): 24-48.
Batkhishig, Sed Ayushjav (2017),「モンゴルにおける特別学校教員養成のための教育課程についての研究』. 兵庫教育大学大学院 学校教育研究科 特別支援教育専攻 障害科学コース学位論文.

モンゴル国障害児のための教育改善プロジィクト (2019a), 『障害の重い子どものための指導法ハンドブック』. Retrieved August 1, 2022, from https://www.jica.go.jp/project/mongolia/013/materials/ku57pq00002bjrg6

モンゴル国障害児のための教育改善プロジィクト (2019b), 『学習の遅れや行動に課題のある子どものための支援ハンドブック』. Retrieved August 1, 2022, from https://www.jica.go.jp/project/mongolia/013/materials/ku57pq00002bjrg6-att/handbook_02.pdf

モンゴル国障害児のための教育改善プロジィクト (2019c), 『親子教室実施ハンドブック』.Retrieved August 1, 2022, from https://www.jica.go.jp/project/mongolia/013/materials/ku57pq00002bjrg6-att/handbook_03.pdf

文部科学省初等中等教育局特別支援教育課 (2012), 『共生社会の形成に向けたインクルーシブ教育システム構¥築のための特別支援教育の推進(報告)』. Retrieved August 10, 2022, from https://www.mext.go.jp/b_menu/shingi/chukyo/chukyo3/044/houkoku/1321667.htm

文部科学省初等中等教育局特別支援教育課 (2021), 『特別支援教育資料(令和2年度)』. Retrieved August 10, 2022, from https://www.mext.go.jp/content/20211014-mxt_tokubetu01-000018452_2.pdf

Alquraini, T., & Gut, D. (2012). Critical components of successful inclusion of students with severe disabilities: Literature review. International Journal of Special Education, 27(1), 42-59.

Bui, X., Quirk, C., Almazan, S., & Valenti, M. (2010). Inclusive education research and practice. Maryland Coalition for Inclusive Education, 1-14. Retrieved July 1, 2022, from https://selpa.info/uploads/files/files/Inclusion_Works_article.pdf

Cave, P. (2007). Primary School in Japan: Self, Individuality and Learning in Elementary Education. Routledge

Cave, P. (2016). Schooling Selves: Autonomy, Interdependence, and Reform in Japanese Junior High Education. University of Chicago Press.

Colclough, C., & De, A. (2010). The impact of aid on education policy in India. International Journal of Educational Development, 30(5), 497-507. https://doi.org/10.1016/j.ijedudev.2010.03.008

Futaba, Y (2016), Inclusive education under collectivistic culture. Journal of Research in Special Educational Needs, 16, 649-652. https://doi.org/10.1111/1471-3802.12325

Higgins, L., & Rwanyange, R. (2005). Ownership in the education reform process in Uganda. Compare: A Journal of Comparative and International Education, 35(1), 7-26. https://doi.org/10.1080/03057920500033464

Ishida, Y., & Okitsu, T. (2022). Capacity development in education governance and improvement in school-based management: The Japanese approaches. In N. Kayashima, K. Kuroda, & Y. Kitamura (Eds.), Japan's International Cooperation in Education (pp. 125-146). Springer.

Ishihara, S., & Kawaguchi, J. (2022). Improvement of teachers' classroom practices for quality teaching and learning: The Japanese approaches. In N. Kayashima, K. Kuroda, & Y. Kitamura (Eds.), Japan's International Cooperation in Education (pp. 99-124). Springer.

Ito, H., Chang-Leung, C., & Poudyal, H (2022), Inclusion of students with developmental disabilities in Japan: barriers and promising practices in primary and secondary education. Asia Pacific Education Review. https://doi.org/10.1007/s12564-022-09763-8

Kameyama, Y. (2021). Who are out-of-school children? Children with disabilities in Mongolia. Compare: A Journal of Comparative and International Education, 51(5), 670-689. https://doi.org/10.1080/03057925.2019.1664894

Kuroda, K., & Hayashi, M. (2015). Japan's educational cooperation policies and its implications for a post-2015 world. in I-Hsuan Cheng and Sheng-Ju Chan eds. International Education Aid in Developing Asia. Singapore: Springer.

Lee, J. (2013). An Analysis of the Peace Education in Sri Lanka: Focusing on the Evolution of Ownership. Ph.D. dissertation. Seoul National University.

Lei, P., & Myers, J. (2011). Making the grade? A review of donor commitment and action on inclusive education for disabled children. International Journal of Inclusive Education, 15(10), 1169-1185. https://doi.org/10.1080/13603116.2011.555064

McGuire, J. M. (2020). Who am I with others?: Selfhood and shuwa among mainstream educated deaf and hard-of-hearing Japanese youth. Contemporary Japan, 32(2), 197-217. http://doi.org/10.1080/18692729.2020.1766646

Mithout, A. L. (2016). Children with disabilities in the Japanese school system: A path toward social integration? Contemporary Japan, 28(2), 165-184. https://doi.org/10.1515/cj-2016-0009

Odgerel, Dandii. (2021). Current situation and further trends of Inclusive education in Mongolia. Tutorial from Mongolian Education Law for Inclusive Education: Free open training programmes for educational and legal professionals. Retrieved August 9, 2022, from https://melinc.eu/wp-content/uploads/2021/10/11_RtIE-Mongolia-presentation_ppt.pdf

Schelzig, K., & Newman, K. (2020). Promoting Inclusive Education in Mongolia. Asian Development Bank East Asia Working Paper Series No. 28. http://dx.doi.org/10.22617/WPS200305-2

Tobin, J., Hsueh, Y., & Karasawa, M. (2009). Preschool in Three Cultures Revisited: China, Japan, and the United States. University of Chicago Press.

UNESCO. (2020). Mongolia Education Policy Review: Toward a Lifelong Learning System. Retrieved August 4, 2022, from https://unesdoc.

unesco.org/ark:/48223/pf0000373687

UNICEF. (2021). Mongolia Education Fact Sheets 2020: Analysis for learning and equity using SISS 2018 data. Retrieved August 4, 2022, from https://data.unicef.org/wp-content/uploads/2021/11/MICS-EAGLE_Education_Fact-sheets_2020_Mongolia.pdf

United Nations. (2016, November 25). General comment No. 4 on Article 24-the right to inclusive education. Retrieved January 23, 2023, from https://www.ohchr.org/en/documents/general-comments-and-recommendations/general-comment-no-4-article-24-right-inclusive

Yagata, S. (2019). Inclusive education and communication impairment in early childhood: A perspective from Japan. Asia-Pacific Journal of Research in Early Childhood Education, 13(3), 9-23. http://dx.doi.org/10.17206/apjrece.2019.13.3.9

Yates, R. (2020). Dependency on Australian aid and the introduction of inclusive education initiatives in Kiribati. Asia & the Pacific Policy Studies, 7(1), 112-123. https://doi.org/10.1002/app5.296

Yoshitoshi, M., & Takahashi, K. (2021). A critical analysis of court decision on mainstream school attendance of a child with medical care needs in Japan: A long way towards inclusive education. International Journal of Inclusive Education, 1-15. https://doi.org/10.1080/13603116.2021.1888322

Cho, S., Park, J. Inclusive education in Japan and its role in international cooperation: analysis of a project for children with disabilities in Mongolia. Asia Pacific Educ. Rev. 25, 229-242 (2024). https://doi.org/10.1007/s12564-023-09923-4

• 박지환

캘리포니아대 버클리교에서 인류학 박사학위를 취득하였으며, 현재 서울대학교 국제대학원에서 교수로 재직하고 있다. 주된 관심 분야는 현대 일본 사회의 불평

등이다. (연락처: jeehwan95@snu.ac.kr)

• 조수빈

미들버리 대학교 중국언어/문화과와 일본학과를 졸업하였다. 서울대학교 국제대학원에서 국제지역학 석사과정을 졸업하고, 동대학 지리학과 박사과정에 재학 중이다. 주요 관심 분야는 국제이주와 장소성 등이다. (연락처: judycho1130@snu.ac.kr)

4장 청각장애 학생을 위한 통합교육 방안
: 르완다 개발협력 프로젝트에 대한 평가*

윤세미**, 이예린***

서론

교육은 사회 발전의 필수 기반 요소로 여겨지기에, 국제개발협력분야International Development Community, IDC에서도 UNDP유엔개발계획 인간개발지수의 세 가지 구성 요소 중 하나로 교육을 포함하며 그 중요성과 역할을 인정하고 있다UNDP 2024. 새천년개발목표MDGs에서 강조되었던 보편적 교육의 실현은 유엔 2030 지속가능발전 의제의 지속가능발전목표Sustainable Development Goals, SDGs에서도 여전히 선결되어야 할 문제로 자리하고 있다. 이른바 '글로벌 사우스Global South' 지역에서 보편적 초등교육 보장에 상당한 성과를 거두어왔지만, SDG 4번 목표 내 세부 목표인 4.5에 대한 세분화된 지표

---

* 본 연구는 서울대학교 국제대학원 4단계 BK21 교육연구단『국제지역과 개발의 다학제적 연구를 통한 교재개발』의 지원을 받아 수행되었으며, 「국제개발협력연구」제17권 제1호(2025)에 게재된 논문을 수정·보완한 것입니다.

** 서울대학교 국제대학원 교수

*** 서울대학교 국제대학원 석사과정

의 부재는 더 포괄적인 범주에서 다양한 학습자에게 양질의 교육을 보장하는 '접근성'을 개선하는 것이 여전히 시급한 과제임을 여실히 보여준다.[1] 유네스코가 SDG 4.5의 달성을 위해 마련한 구체적인 지표는 유아, 초등, 중등 학생의 교육 언어에서의 성평등 달성 여부에 관한 것이며, 장애 아동의 진전 상황은 추적하지 않고 있다. 아동, 장애 및 성 인지적인 교육시설을 세우고 향상하는 것을 명시한 SDG 세부목표 4.a 역시 상황은 별반 다르지 않다UNESCO 2024.

이렇듯 장애 아동은 가장 취약한 계층 중 하나임에도 불구하고 국가 차원에서 관련 교육의 진행 상황 또는 그 부재를 보고하는 과정에서 여전히 충분히 고려되지 않고 있기에, 이들을 대상으로 한 개발 협력 프로젝트 관련 연구가 필요한 실정이다. 저·중소득국가의 장애 학생 중 초등학교에 다니고 있지 않은 학생은 40%에 달하며, 이 수치는 중등학교 단계에서 55%까지 증가하는 만큼 교육 격차는 상당한 수준에 이른다UNESCO GPE 2020. 이들은 장애로 인한 신체적 제약뿐만 아니라 만연한 차별과 사회적 배제에 직면하여 인간으로서 존엄을 지키고 기본적인 권리를 증진하는 것조차 스스로 이행하기 어려운 실정에 놓여있다. 기본적 필요를 충족하기 위한 역량 강화를 적극적으로 추진하고 있는 KOICA 2021를 비롯한 IDC로서는 지속 가능한 발전의 과정에서 불균형적인 어려움을 겪는 학습자인 장애 아동의 요구를 필수적으로 해결해야 한다. 유엔 2030 지속가능발전 의제 역시 이러한 책임과 의지를 "Leave no one behind"로 대표되는 국제사회의 보편적 약속에 담았다UN 2024. 기존 학술 문헌에서는 학습효과 증진에 적절한 통합 교육정책의 도입 여부Bose et al. 2020, 청각장애

1 SDG 세부 목표 4.5는 다음과 같이 명시되어 있다: "2030년까지 교육에서의 성불평등을 해소하고, 장애인, 선주민, 취약한 상황에 처한 아동을 포함한 취약계층이 모든 수준의 교육과 직업훈련에 평등하게 접근할 수 있도록 한다(UN DESA n.d.)."

아동의 교육 불평등을 유발하는 요인Desalew et al. 2020; Groce et al. 2011, 청각장애 아동을 위한 교육 방안의 유무 Croft 2013; Le Fanu 2015; Miles et al. 2011; Molina et al. 2024, 국가 공식 수어의 존재 여부 및 세부사항Glaser et al. 2012; Lutalo-Kiingi et al. 2017 등을 중심으로 논의가 이루어지고 있다.

장애인의 교육 접근성을 높이기 위한 범세계적 노력에 발맞추어, 본 연구에서는 동아프리카 국가들이 통합교육을 증진하기 위해 국제사회의 프레임워크를 어떻게 도입했는지 살펴본다. 여러 종류의 장애 가운데 본 연구는 청각장애 아동의 사례에 초점을 두었는데, 이는 청각장애 아동의 대다수가 거주하는 사하라 이남 아프리카 지역에서 그 부담이 가장 심각한 수준에 이르기 때문이다Desalew et al. 2020. 먼저, 주로 인권 증진의 관점에서 장애 아동의 교육 접근성을 개선하기 위한 노력이 IDC 내에서 어떻게 발전해 왔는지, 또 그에 따라 통합교육에 대한 요구가 제기되고 있는지 살펴본다. 이 지역에서 시행된 정책을 검토한 후, 본 연구는 르완다의 사례를 바탕으로 특정 프로젝트를 심층적으로 분석하고 해당 프로젝트가 시행 중인 정책과 궤를 같이하는지를 평가하며, 이러한 탐구 과정을 통해 광범위한 지역 연구에서는 파악하기 어려운 실질적 문제를 도출하는 데 주력한다. 청각장애의 경우 의사소통의 어려움을 겪는 만큼, 효과적인 의사소통을 기반으로 개념을 명확히 하고 그것을 응용하여 문제를 해결하는 등 지식의 축적이 원활히 이루어져야 할 교육 영역에서 더욱 심각하고 치명적인 불이익을 받을 수밖에 없다. 이와 같은 근본적 문제를 개선하기 위해, 청각장애 학습자를 지원할 수 있도록 교사를 훈련하거나 수화를 제공하는 등 다양한 지원 방안이 마련되어 있다.

학업 여건이 좋지 않은 개발도상국에서 통합교육을 시행하기 위해 극복해야 할 과제가 많음에도, 교육 접근성 강화를 통한 실질적 문제 해결을 목표로 하는 이니셔티브는 부족한 실정이다. 본 연구는 다음과 같은 기준을 중심으로 분석의 대상이 될 국제개발협력 프로젝트를 선정하였다: ① 대규모 청각장애 아동 집단을 대상으로 할 것, ② IDC 내 다양한 이해관계자와 협력하여 진행된 것, ③ 프로젝트의 성과outcomes를 달성하는 데에 혁신적인 솔루션이 구현된 것. 이처럼 규모, 주체, 혁신, 파트너십 등의 요소를 고려하여 유니세프UNICEF와 세계은행World Bank, 두 국제기구 주도로 추진한 프로젝트를 우선순위에 두었다. 결과적으로, 본 연구는 '접근할 수 있는 디지털 교과서 이니셔티브Accessible Digital Textbook Initiative, 이하 ADT'와 '자원 센터Resource Center, 이하 RC'[2]라는 두 가지 주목할 만한 프로젝트에 초점을 맞췄는데, 이는 해당 프로젝트 모두 물리적인 인프라를 제공하는 것뿐만 아니라 의사소통 능력이 제한된 아동의 교육 접근성을 개선하기 위해 다양한 이해관계자를 참여시키는 것을 목표로 삼았기 때문이다.

또한, 본 연구는 ADT와 RC를 도입한 여러 국가 가운데 르완다를 사례 연구를 위한 분석 대상으로 채택하였다. 동아프리카 지역의 법률 및 정책 개혁을 검토한 결과, 르완다는 통합교육 분야에 있어 선도적인 국가로 부상했다고 판단되었는데, 그 근거는 다음과 같다. 첫째, 청각장애 아동 대상 교육 접근성 강화를 위해 추진하고 있는 프로젝트의 다양성이다. 케냐와 우간다는 통합교육을 지원하는 보다 명확한 법률적 근거가 마련되어 있음에도 ADT 이니셔티브 외에 다른 사업의 병행을 찾아보기 어려웠다. 반면, 르완다는 전술한 ADT와 RC 2가지 통합교육 모델을 함께 사용하여 해당 주제에 대해 비교적 다양한 방식의 접근법을 채택하고 있다. 둘째,

2 두 프로젝트 모두 국제기구와 주요 이해관계자 그룹(Major Groups and Other Stakeholders, MGoS)의 지원으로 시작되었으며, 각기 다른 개발도상국에서도 시행되고 있다. ADT는 현재 11개 개발도상국에서 진행 중인 UNICEF의 대표적인 프로그램이며, RC는 네팔, 르완다, 에티오피아의 장애 아동의 학습 촉진을 목적으로 World Bank와 두 양자 원조 기관(Norad와 FCDO)이 조직한 다자간 신탁기금(multi-donor trust fund)의 지원을 받는 통합교육 이니셔티브(Inclusive Education Initiative)의 프로젝트이다(IEI, n.d.).

ADT 프로젝트의 발전 단계이다. 세 국가에서 시행한 ADT 이니셔티브의 단계별 분석에 따르면, 케냐의 경우 전반적인 프로토타입을 기반으로 한 시범 단계에 있고, 우간다는 시행에 필요한 제반 생태계를 조성 중임에 반해, 르완다는 국가 내에 해당 이니셔티브를 확장하여 제도화하는 등 심화 단계를 밟고 있다 Barbeyrac et al. 2022.

따라서 본 연구는 최근 르완다에서 완료된 두 개의 프로젝트에 변화이론 Theory of Change, 이하 ToC 프레임워크를 적용하여 IDC 주체들이 도입한 교육적 개입을 분석하고자 한다. 더불어, 이러한 교육 프로젝트의 다양한 이해관계자들이 ToC의 각 구성 요소 전반에 걸쳐 어떻게 참여하고 있는지 평가한다. 특히, Prichett 2015 이 제시한 세 가지 핵심 이해관계자 그룹, 즉 ① 수혜자 학생, 학부모, 시민, ② 일선 서비스 제공자 교사 및 학교, ③ 정부 기관의 역할을 규명한다. 이와 같은 분석을 통해 각 프로젝트에서 고려되는 주요 이해관계자를 파악하고, 그 역할의 중요성에도 불구하고 참여에 있어 소외된 그룹이 있는지 살펴보고자 한다.

본 연구는 평가를 수행하면서 최근에 완료된 개발 프로젝트를 대상으로 하는데, 이는 개발 프로젝트의 조기 평가가 이후 버전의 프로젝트를 개선하는 데에 유용한 피드백을 제공함으로써 프로젝트 형성 과정의 하나로 작용할 수 있고, 추후 극복해야 할 초기 과제를 부각하는 데에도 도움이 되기 때문이다. 이를 바탕으로 시간이 지남에 따라 프로그램의 효과를 개선할 수 있다. 또한, 조기 평가를 통해 핵심 이해관계자가 참여하였는지, 그리고 그들의 관점이 성공적인 통합교육을 위해 반영되었는지 역시 확인할 수 있다. 이러한 평가는 프로그램의 근간이 되는 변화 이론을 검증하거나 개선하여, 가까운 미래의 프로젝트에서 의도한 성과 outcomes 를 달성하고 여러 가정 assumptions 을 재고하는 데에도 기여할 수 있다. 조기 평가는 장기적인 영향을 충분히 반영하지 못할 수 있으므로, 이러한 영향을 실현하는 데 필요한 결과를 확보하기 위해 활용될 수 있다Vaessen et al. 2020.

이 연구는 크게 세 가지 차원에서 의미를 갖는다. 첫째, 상대적으로 열악한 환경에 놓인 동아프리카 지역의 국가들이 자국 내에 어느 정도의 법, 정책, 이니셔티브 등을 마련하고 있는지 비교하고, 실제 통합교육 이행의 수준은 어떠한지 평가함으로써 전반적인 실정을 파악하여 후속 연구 및 지역 내 관련 프로젝트 개발에 기여할 수 있다. 둘째, 르완다의 사례를 통해 개발도상국의 제도와 현실 사이의 간극을 보여준다. 변화 이론 프레임워크를 적용하여 ADT 및 RC 프로젝트에 대한 조기 평가를 제공함으로써 각 모델의 실효성과 잠재적인 향후 개선 방향을 파악한다. 특히 본 연구는 세 가지 이해관계자 유형별로 연구 결과를 정리하여 상보적 협업을 통한 조직적 연계 및 확장 가능성을 모색하고, 타국에도 적용할 수 있는 장애 부문 교육 개발 협력 정책과 사업에 대해 제언할 수 있다. 셋째, 전 세계적으로 가장 취약한 계층의 교육에 대해 다룸으로써 지속가능발전목표Sustainable Development Goals, SDGs 4번 목표, 특히 세부 목표 4.a, 지표 4.a.1(d)[3]는 물론, 2021년 안토니우 구테흐스António Guterres 유엔 사무총장이 제시한 'Our Common Agenda'의 'Transforming Education' 의제UN 2021 내 디지털 솔루션을 통한 공평한 교육 실현 관련 정책 제안과도 맞물려 직접적이고 시의성 있는 문제에 대한 논의를 확장할 수 있다.

서론에 이어, 이 논문은 다음과 같이 구성된다. Ⅱ장에서는 국제적 차원에서의 장애 인권 담론의 배경, 동아프리카 지역의 통합교육에 대한 정

---

3 이와 관련된 SDG 세부 목표는 "아동, 장애인, 성별을 고려한 교육시설을 건립 및 개선하고, 모두를 위한 안전하고 비폭력적이며, 포용적이고 효과적인 학습 환경을 제공"이며 이에 대한 지표는 "기본 서비스를 제공하는 학교 비율(서비스 유형별): (d) 장애 학생들을 위한 개선된 교육 기반 시설 및 자원"으로 측정되고 있다(UN DESA n.d.).

책적 노력 및 장애 아동을 위한 통합교육 관련 이론적 논의를 소개한다. Ⅲ장에서 르완다의 청각장애 아동을 위한 두 가지 통합교육 프로젝트에 대해 자세히 살펴본 후, Ⅳ장에서는 두 사업intervention을 비교하는 데 사용된 분석 프레임워크인 변화 이론theory of change, ToC에 대해 탐구해본다. Ⅴ장에서는 ToC를 적용한 분석 결과를 도출하고, 마지막 장에서는 두 이니셔티브의 가정assumptions, 두 사업의 비교, 제언 사항에 관해 논의한다.

이론적 배경

국제적 차원에서의 장애 인권 담론

기본적으로, 장애는 인권의 문제로 간주되어 왔는데, 이는 장애가 교육, 보건, 정치, 고용 등 여러 영역에 있어 동등하지 못한 접근성으로 인해 다양한 형태의 불평등을 초래할 뿐만 아니라, 사회적 편견에 의해 존엄성이 훼손되거나, 개인의 의지에 따라 결정할 수 있는 자율성을 보장받지 못하는 등의 문제로 이어질 수 있기 때문이다WHO 2011. 세계보건기구WHO의 세계장애보고서World Report on Disability에 따르면, 중등도 이상의 장애를 가진 14세 이하 아동 인구는 세계 인구의 약 5.1%를 차지하였으며, 더욱이, 아프리카의 저소득 및 중소득 국가 내 14세 이하 장애 아동은 약 6.4%에 달했다WHO 2011. 이렇듯 가장 소외된 계층으로서 살아가는 인구의 규모가 상당함은 자명하다.

교육은 인간 발전에 대한 기존의 논의에 비추어 볼 때 장애로 인한 빈곤의 덫poverty trap과 악순환의 고리를 끊기 위한 근본적이고 본질적인 해법으로 인식되어 왔다. 인간이 할 수 있고, 될 수 있는, 획득되고 성취한 수많은 기능functioning이 삶의 질을 구성하고Sen 1992; 2003, 이러한 기능을 확보하고 선택할 수 있는 자유이자 잠재적인 역량capability은 교육을 통해 확장되는 것이기에Saito 2003, 결국 개발 협력 분야에서의 교육은 발전 그 자체이자 발전을 위한 도구로서의 역할을 수행한다Yoo et al. 2016.

역사적으로 장애와 관련된 국제적 합의는 시대의 흐름과 사회의 변화를 반영하며 발전하였다.[4] 장애와 교육 불평등 간 상호 연관성에 대한 인식과 이를 해결하기 위한 일련의 노력은 이 문제에 관한 사회적 논의를 지속해서 심화할 수 있는 중요한 근거가 되어 왔다. 상당한 논의 끝에 장애인의 교육 접근성을 개선하기 위한 핵심 조건이 CRPD로도 알려진 유엔 장애인권리협약United Nations Convention on the Rights of Persons with Disabilities, 2006에서 공식화되었다. 협약은 일반 교육 제도에서 배제되지 않는 통합적 교육을 보장하면서도 개인의 필요에 따라 합리적 편의와 개별 지원 조치를 제공하는 데 중점을 두었는데, 그 결과 일부 국가에서는 협약 제24조에 명시된 바와 같이 장애 아동을 위한 교육 시스템의 구조적 변화가 가능해졌다 UN General Assembly 2007.

유엔 지속가능발전 의제에는 모든 교육 수준에서 장애 아동의 요구를 해결하기 위한 구체적인 목표가 포함되어 있지만, 해당 목표에 상응하여 그 달성 기준을 구체화하는 지표의 경우, 국제적 비교가 가능한 수준으로 추적되지는 않고 있다. 보다 최근에는 'Our Common Agenda'의 핵심 이니셔티브인 유엔 교육 정상회의UN Transforming Education Summit에서 장애 유무와 관계없이 어린이들이 안전하고 포용적이며 효과적인 환경에서 학습할 수

---

4 세계인권선언(1948) 제26조는 교육받을 권리가 모든 이에게 예외 없이 적용되는 기본적인 인권이며, 교육이 인격의 완전한 발전은 물론 인권과 기본적 자유에 대한 존중을 강화하는 것을 목표로 한다고 명시하고 있다(UN General Assembly 1948). 더 나아가, 유엔아동권리협약(1989) 제23조는 장애 아동의 교육 접근성을 보장하기 위한 근거를 제시하였다(UN Commission on Human Rights 1990). 유네스코 살라망카 선언 및 특수교육을 위한 행동 계획(1994)은 '모두를 위한 교육(Education for All)' 달성을 위하여 특수교육에서 통합교육으로의 전환을 최초로 촉구하였다(UNESCO 1994).

있도록 교육시설을 건설하거나 개선해야 한다고 강조한 바 있다UN 2021.

개발도상국에서의 통합교육 이니셔티브에 관한 이론적 논의

이러한 국제적 이니셔티브와 국가 차원의 정책 변화에 기반하여, 연구자들은 보편적이고 평등한 교육 접근성을 달성하는 데 따르는 여러 과제의 범위를 파악하고자 노력해 왔다. 개발도상국에서 통합교육이 성공적으로 이루어지기 위해서는 교사와 학교를 통해 전달되는 통합교육의 목표가 반영된 학교 개혁 및 교육정책뿐만 아니라, 지역사회 내 학습에 영향을 미치는 근접 요인들, 즉 사회적 규범 등에 작용하는 조치들도 함께 필요하다Eleweke et al. 2002. 이러한 연구 결과는 교육 개혁의 성과가 학생, 학부모, 지역사회, 학교, 교사, 정부 간의 관계에서 책임성을 강화함으로써 향상될 수 있다고 주장한 Prichett 2015의 제안과도 일맥상통한다. 개발도상국에서 2000년부터 2011년까지 시행된 통합교육 프로젝트들을 검토한 연구에 따르면, 교사 지원 및 연수 프로그램과 학부모 참여 모두 제한적이었으며, 국제기구의 지원을 받아 수행된 프로젝트조차도 그 효과에 대한 충분한 근거를 제시하지 못한 것으로 나타났다Srivastava et al. 2015.

통합교육이 사하라 이남 아프리카 국가들에서 성공적으로 시행되기 위해서는, 교육에 대한 국가 차원의 데이터베이스뿐만 아니라 지역 수준에서도 교육 현실이 반영되어야 하며, 이를 통해 적절한 교육과정과 그에 상응하는 사회적 규범 및 가치관을 바탕으로 학생, 교사, 학교가 실제로 변화를 체감할 수 있어야 한다Le Fanu et al. 2022. 연구자들은 정책 채택과 학교 또는 학생 수준에서 관찰되는 교육 성과의 변화 사이의 간극을 지속해서 지적해 왔다. 유엔 장애인권리협약UN CRPD은 각국 정부가 장애에 관한 통계를 수집하도록 요구하고 있으니, 실제로 이러한 데이터가 신뢰할 수 있는지, 또, 장애 정도를 충분히 반영하는지는 여전히 의문으로 남아있다. 예를 들어, 유니세프의 다지표 집합 조사 Multiple Indicator Cluster Survey 등에서 나타나는 장애 분류는 면접자의 지식수준, 응답의 사회적 수용성, 아동의 발달 상태 등에 따라 국가별로 차이를 보일 수 있기 때문이다 Croft 2013. 이에 따라 저자는 개별 프로젝트로부터 보다 상세한 정보를 수집하는 서비스 기반 연구를 통해 국가 데이터 세트를 보완함으로써, 장애를 훨씬 체계적으로 이해할 수 있는 접근 방식이 필요하다고 제안한다.

비록 국가 수준의 데이터 세트가 완벽하지는 않지만, Bose et al. 2020은 차드, 가나, 우간다에서 통합교육에 관한 국가 정책이 교육 성과에 미친 영향을 입증하고 있다. 이중차분법 difference-in-differences 모형을 바탕으로, 우간다에서 통합교육 법률이 채택된 이후, 해당 법이 제정되지 않은 차드와 가나에 비해 청각, 지체, 시각 장애 아동의 학교 출석률이 56%까지 증가할 가능성이 커졌다고 보고했다. 그러나 청각, 지체, 시각 중 어느 하나의 기능도 갖추지 못한 아동을 대상으로 분석할 경우에는 통계적 유의성이 사라지는 것으로 나타났다. 이에 따라 통합교육의 다양한 구성 요소, 즉 교육 활동의 투입과 과정에 관한 추가적인 연구의 필요성을 인정하고 있다.

소수의 연구자들이 동아프리카 지역에서 청각장애 아동을 위한 통합교육 이니셔티브를 평가해 왔다. Le Fanu 2015는 유네스코, 유니세프, Interagency Network for Education in Emergencies 등 국제 개발 주체들이 제작한 교육 매뉴얼을 검토한 결과, 교수학습 방법이 장애 유형이나 장애 정도에 따른 교육적 요구를 충분히 반영하지 못하고 있다고 지적한다. 우간다의 특정 지역 공동체를 심층적으로 분석한 Miles et al. 2011은 Deaf Child Worldwide의 지원을 받은 통합교육 프로젝트를 평가하였으며, 학생뿐만 아니라 교사와 지역 내 핵심 인물들에게 수화 교육을 제공하는 지역사회 기반 접근법이 청각장애 아동의 중도 탈락률을 낮추는 데 기여했음을 발견하였다. 한편, Molina et al. 2024은 르완다, 탄자니아 및 기타 6개 개발도상국에서 교사들에게 수화 교육을 제공하는 대신, 학생의 필요와 흥미에 따라 다양한 학습 방식을 적용할 수 있도록 '학습을 위한 보편적 디자인Universal Design for Learning, 이하 UDL' 기반 연수를 실시했다. 두 연구 모두 교사들이 기본적인 수준에서 훈련 내용을 적용할 수 있었으나, 학생이 자기 생각을 표현하도록 돕는 것과 같은 심화한 적용에는 어려움을 겪는 경우도 있었다고 보고하였다.

동아프리카 지역의 통합교육

전 세계적으로 통합교육에 관한 논의가 발전해 왔지만, 이를 지역 및 국가 차원에서 어떻게 구체화하고 있는지 세부적으로 살펴보는 것 역시 중요하다Desalew et al. 2020. 비록 장애에 대한 사회적 규범, 고정관념, 인식 등 '연성 제도soft institution'에 대한 정보는 부족하지만, 글로벌 아젠다에 부응하는 법과 정책의 존재 여부는 각 국가가 자국의 맥락에서 통합교육의 논리를 수용하고 있는지를 보여주는 지표가 될 수 있다. 동아프리카 지역 14개국[5] 중 다수는 장애 학생의 교육을 법적 체계 내에 포함하기 위해 노력해 왔으며, 이는 〈표 1〉에서 확인할 수 있다. 이러한 법과 정책은 유네스코의 Global Education Monitoring Report 데이터베이스 내 각국의 'Inclusion포용 profile'을 통해 확인되었으며, 본 연구진은 유네스코 플랫폼의 하이퍼링크를 통해 각국 정부 웹사이트에 접속해 관련 법령과 내용을 직접 검토하였다. 대부분의 국가는 장애인의 인권 및 교육에 관한 개별 법률과 장애 아동 교육에 대한 국가 전략 또는 계획을 보유하고 있었

5 UN은 '동아프리카(East African)' 지역을 다음의 14개 국가로 분류하고 있다: 부룬디, 코모로, 콩고민주공화국, 지부티, 에티오피아, 에리트레아, 케냐, 마다가스카르, 르완다, 세이셸, 소말리아, 남수단, 탄자니아, 우간다.

다. 그러나 케냐와 르완다와 같이 통합교육 자체를 명시한 법적 기반을 갖춘 국가는 소수에 불과하며, 대부분은 포괄적인 전략이나 정책 수준에 머물러 있었다. 르완다의 경우, 교육부는 통합교육을 '일반 교육 환경 내에서 모든 학습자의 교육적 요구를 충족시키는 과정'으로 정의하고 있다. 이 정의는 비교적 포괄적이지만, 여전히 청각장애 아동을 비롯해 특수교육이 필요한 학생들을 별도로 구분하고 있다 UNESCO 2022. 2016년 제7호 장관령 Ministerial Order 7 은 장애 아동이 특수학교와 일반 학교 모두에서 지원받을 수 있어야 함을 명시하고 있다.

이러한 법적 기반은 르완다가 ADT 및 RC와 같은 통합교육 이니셔티브를 개발하고 적용할 수 있는 법적 환경을 조성하는 데 기여했다. 먼저, 르완다는 2008년 유엔 장애인권리협약 UN CRPD 을 비준함으로써 United Nations, n.d., 장애인의 교육권과 관련된 포괄적인 국제 협약에 부합하는 국내 법과 정책의 도입 근거를 마련했다. 르완다 헌법 제14조는 "국가는 1990년부터 1994년 사이에 발생한 집단학살로 인해 빈곤 상태에 놓인 생존자, 장애인, 빈곤층, 노인 및 기타 취약계층의 복지를 위해 특별한 조처한다"라고 명시하고 있다. 이에 따라 제14조는 사회적 약자에 대한 차별을 금지하고, 적절한 복지 정책을 통해 인권을 보장하기 위한 근본적인 토대를 제공한다. 또한, 헌법 제40조는 모든 사람에게 교육을 받을 권리가 있음을 명시하고 있다.

2019년에 개정된 『특수교육 및 통합교육 정책 Revised Special Needs and Inclusive Education Policy』은 앞서 언급한 법적 기반에 근거하여 마련되었으며, 네 가지 핵심 원칙을 강조하고 있다. 첫째, 특수교육이 필요한 모든 학습자에게 동등한 학습 기회를 제공함으로써 공정한 교육 경험에 대한 접근을 보장하는 것을 목표로 한다. 둘째, 모든 학습자를 존중하고 지원하는 데 중점을 두어, 이들의 다양한 요구를 존중하는 교육 환경을 조성한다. 셋째, 특

표 1 | 동아프리카 국가들의 통합교육 관련 법률 및 정책

	Education	Disabilities	Inclusive education		Education	Disabilities	Inclusive education
Burundi	- Education Act of 2013 - Education Transition Plan (2018-2020) - Education Sector Plan (2022-2030)	- Act No. 1/03 of 2018 on the promotion and protection of the rights of persons with disabilities	- National Strategy for Inclusive Education (2023)	Rwanda	- Education Law (2011) - Education Sector Plan (2013/14-2017/18)	- Law on the Protection of Disabled Persons (2007) - Strategic Plan for the Integrated Child Rights Policy (2018/19-2023/24)	- Ministerial Order 7 of 2016 - ICT in Education Policy (2016) - Special Needs and Inclusive Education policy (2019)
Comoros	- Interim Education Plan (2013–2015) - Education Sector Transition Plan (2017-2020)	.	- National Strategy for the Education of Children with Disabilities (2017–2026)	Seychelles	- Education Act (2004) - National Curriculum Framework (2013) - ICT in Education and Training Policy (2014-2019)	- National Council for Disabled Persons Act of 1994 - Strategic Plan (2013-2017)	- National Policy for Open and Distance Learning (2015) - Inclusive Education Policy (2015)
Eritrea	- National Education Policy (2003) - Education Sector Plan (2018-2022)	- National Disability Policy of 2021	- Policy and Strategy on Inclusive Education (2008)	Somalia	- National Plan of Action for Children (2016-2020) - National Education Sector Strategic Plan (2022-2026)	- National Disability Policy (2012)	.
Ethiopia	- Education and Training Policy (1994)	- National Plan of Action of Persons with Disabilities (2012-2021)	- Inclusive Education Strategy (2012) - Inclusive Education Master Plan (2016-2025)	South Sudan	- General Education Act (2012) - General Education Strategic Plan (2017-2022)	- Disability Act (2012) - National Disability and Inclusion Policy (2013) - National Disability Action Plan (2020)	- National Disability Inclusive Education Policy (2021)
Kenya	- Basic Education Act of 2012 - Education Strategic Plan (2013-2018) - National Education Sector Strategic Plan (2018-2022)	- Persons with Disabilities Act (2003) - Persons with Disabilities Regulations (2009) - Sector Policy for Learners and Trainees with Disabilities (2018)	- Special Needs Education Policy Framework (2009) - Learners with Disabilities Bill (2023)	Tanzania	- Education Act (1978) - Teacher Development and Management Strategy (2008) - Education Sector Development Plan (2016/17-2020/21)	- National Policy on Disability (2004) - Persons with Disabilities Act (2010)	- National Strategy on Inclusive Education (2009-2017) - National Strategy for Inclusive Education (2018-2021)
Madagascar	- Education Sector Development Plan (2018-2022)	- Act No. 97-044 of 1998 on the rights of persons with disabilities - Act No. 2003-044 on the rights to access - Order No. 23144/2004 of 2005 on the rights to education	- Decree 2009-1147 on inclusive education - National Disability Inclusion Plan (2015–2019)	Uganda	- National Curriculum Development Centre Act (1973)	- National Action on Physical Disability (1998) - Persons with Disability Act (2006)	- Inclusive Education Policy (2011)

출처: UNESCO (2022a, 2022b, 2022c, 2022d, 2022e, 2022f, 2022g, 2022h, 2022i, 2022j, 2022k, 2022l)를 바탕으로 저자 재구성

수교육 대상 학생들의 자립성과 자율성을 증진하여, 스스로 판단하고 삶을 이끌어갈 수 있는 능력을 기르도록 장려한다. 마지막으로, 다양한 교육 이해관계자 간 협력을 통해 포괄적인 지원체계를 구축하는 것을 지향한다 UNESCO 2022g. 이러한 원칙들은 모두 학생들의 다양한 요구에 귀를 기울이고, 전반적인 발달과 성공을 지원하는 포용적 교육 환경을 조성하는 데 목적이 있다.

르완다는 2021년 세계지적재산권기구 World Intellectual Property Organization, WIPO 가 관할하는 『시각장애인의 저작물 접근권 개선을 위한 마라케시 조약 Marrakesh Treaty to Facilitate Access to Published Works for Persons Who Are Blind, Visually Impaired, or Otherwise Print Disabled』에 가입하였다 WIPO, n.d.. 이 조약 가입을 통해 저작권 보호에 대한 특정한 제한과 예외 조항이 적용되어, 장애인의 출판물 접근성이 향상될 수 있는 기반이 마련되었다. 더불어, 르완다는 장애인 단체와 교육

부, 교사, 출판사, 정보 전문가, 출판 기업 등 주요 정부 이해관계자들을 지원하기 위한 정보통신기술ICT 장비 조달 지침도 수립하였다Barbeyrac et al. 2022.

통합교육에 관한 법률에서 직접적으로 다루고 있지는 않지만, 청각장애 아동에게 중요한 또 하나의 정책 요소는 공식 수어의 존재 여부이다. 청각장애 아동은 일반적으로 비장애 아동보다 학교 입학 시기가 늦는 경우가 많기에Obura 2021, 입학 전 수화를 습득할 수 있는지는 불확실할 수 있다. 이러한 의사소통 능력의 격차는 입학 이전부터 이미 나타나며, 비장애 아동은 대체로 구어 또는 문자 언어를 통해 어느 정도 언어 발달을 경험한 상태에서 학교에 입학하는 경향이 있기 때문이다. 2024년 기준으로, 전 세계 78개국이 공식 수어를 채택하고 있으며, 사하라 이남 아프리카 지역에서는 단 6개국만이 공식 수어를 채택하고 있다World Federation of the Deaf 2024.[6] 이 지역의 학습자들은 인쇄된 학습 자료에 접근할 기회가 제한적인 경우가 많기에, 수화, 멀티미디어, 책 등을 통해 '문해적 사고literate thought'를 기를 새로운 기회가 주목받고 있다Lutalo-Kiingi et al. 2017. 르완다는 아직 청각장애 아동의 의사소통 능력을 향상할 수 있는 공식 수어를 보유하고 있지 않지만Glaser et al. 2012, ADT 이니셔티브에서는 지역 수어의 존재가 인정되고 있다Obura 2021.

르완다의 청각장애 아동을 위한 통합교육

르완다는 특히 현재 진행 중인 다양한 개발 협력 프로젝트를 통해 법

6 사하라 이남 아프리카 지역에서 공식 수어를 채택한 국가는 우간다(1995), 남아프리카공화국(1996), 나미비아(2004), 케냐(2010), 짐바브웨(2010), 앙골라(2016)이다.

적, 정책적 기반을 마련하는 과정에 있기에, 분석에 있어 주목할 만한 맥락을 제공한다. 최근의 인구조사 결과에 따르면 장애 유병률과 장애 아동의 학교 취학률은 도시와 농촌에 걸쳐 다소간 비슷한 수준으로 나타났는데, 장애 유병률은 농촌이 3.7%, 도시가 2.8%에 이르는 한편, 5~17세 장애 아동의 학교 취학률은 농촌이 63.4%, 도시가 67.4%에 달했다 NISR 2023. 학교 차원에서도 변화가 이루어지고 있는데, 2021/22 교육 통계 연감에 따르면, 장애 학습자를 위해 개선된 인프라 및 자료를 갖춘 학교의 비율은 2017년 16.2%에서 2021/22년 68.2%로 증가하였다. 그럼에도 도시와 농촌 모두 장애 아동이 비장애 아동보다 학교에 다니지 않는 비율이 더 높기에, 보다 개선될 여지가 있다 농촌 24.6% 대 8.4%, 도시 23.3% 대 6.6% NISR 2023.

먼저, 앞서 언급한 바와 같이 르완다는 유니세프의 핵심 프로젝트인 접근 가능한 디지털 교과서 글로벌 이니셔티브 The Global Accessible Digital Textbook Initiative, 이하 ADT와 세계은행에서 추진하는 자원 센터 Resource Center, 이하 RC를 모두 채택하였다. 반면, 케냐는 통합교육에 대한 법적 기반을 마련했음에도 ADT만 시행하고 있다.

다음으로, 서론에서 간략히 전술했듯, 〈그림 1〉에서 확인할 수 있는 ADT의 발전 단계에 따르면, 케냐의 경우 시범 단계만 진행하였고, 우간다는 ADT의 적합성 여부를 시험하고 있다. 르완다는 국가 내에서 ADT를 제도화하는 심화 단계에 진입하였다 Barbeyrac et al. 2022. 더욱이, 르완다에서는 RC 프로젝트도 함께 시행하고 있어, ADT와의 비교를 통해 두 프로젝트가 청각장애 아동을 위한 통합교육 제공에 있어 상호 보완적인지, 또는 중복되는지 그 실효성을 검토할 수 있다. 따라서, 본 연구는 상기 두 가지 개발 협력 프로젝트를 르완다의 사례를 중심으로 고찰해본다. 두 프로젝트에 대한 구체적인 내용은 이어지는 ADT와 RC의 개관 부분에서 자세히 설명한다.

'접근할 수 있는 디지털 교과서 글로벌 이니셔티브(The Global Accessible Digital Textbook Initiative)' 개관

'접근할 수 있는 디지털 교과서 글로벌 이니셔티브The global Accessible Digital Textbook Initiative, ADT'는 2019년 5월 29일부터 2022년 4월 30일까지 르완다, 케냐, 우간다에서 시행된 파일럿 프로젝트로, 통합교육 환경에서 장애 여부와 관계없이 모든 학습자가 학습 자료에 동등하게 접근할 수 있도록 보장하는 것을 목표로 한다. 유엔 장애인 권리에 대한 파트너십 다중 파트너 신탁 기금UN Partnership to promote the Rights of Persons with Disabilities Multi-Partner Trust Fund, 이하 UNPRPD MPTF의 자금 지원을 받아 유니세프 동남부 아프리카 지역사무소UNICEF Eastern and Southern Africa Regional Office, 이하 ESARO와 유네스코 동부아프리카 지역사무소UNESCO Regional Office for Eastern Africa가 주도하였으며, 다음의 두 가지 사항을 주목적으로 한다Barbeyrac et al. 2022: ① 통합교육과 정보에의 접근을 보장하고 강화하기 위해 주요 이해관계자들이 양질의 접근 가능한 디지털 교과서를 사용할 수 있는 환경을 개선한다. ② 접근할 수 있는 디지털 교과서를 제작하고 조달할 수 있도록 교육 시스템과 교과서 생태계의 역량을 강화한다. 〈그림 1〉에서 확인할 수 있듯, ADT 이니셔티브는 3단계에 걸쳐 개발이 이루어지며, 파일럿 프로젝트 하에서 시범적으로 제작한 디지털 교과서에 대해 국내 실정에 적합한지 아닌지를 테스트하게 된다. 이후, 국내의 여러 현장에서 시행한 뒤, 국가적 차원으로 확대하고 이를 위한 적절한 정책을 도입한다.

ADT는 통합교육을 위한 학습 자료의 미충족 수요를 해결하기 위해 설계되었다. 이러한 접근 방식은 전통적인 종이 기반 교과서가 필연적으로 가질 수밖에 없는 기능적 한계를 문제로 인식하고, 기술을 통해 극복할 수 있다는 관점에서 출발한다. 표준적인 인쇄 자료의 경우, 다양한 학습자의 요구, 특히 장애 학생들의 학습 요구를 충분히 반영한 콘텐츠를 구축하지

그림 1 | ADT 이니셔티브 가속화를 위한 단계

Phase 1 Prototype of curriculum-based textbook	•Pilot project implemented in schools •Identification of steering and technical comittees •Baseline trainings of UDL, inclusive education, and ADT •Establishment of workplan and technical needs •Analysis of country readiness and technology ecosystem •Partnership engagement with OPDs, teachers' unions, and private sector
Phase 2 Co-creation of ADT ecosystem through technical capacity & country implementation	•Field Implementation •continued technical training, workhops •analysis of key bottlenecks and mitigation strategies •alignment with country level policy •Technical-support system introduced •LMS platform introduced •Creation of Community of practice
Phase 3 Scale up, sustain, replicate	•Policies on procurement, ICT, and inclusive education •Guidelines on usage of ADT in classroom •Partnerships strengthen •Training of publishers •Hardware and software distribution

출처: Barbeyrac et al. (2022) 바탕으로 저자 재구성

못하는 경우가 많다. ADT는 디지털 기술을 활용하여 보다 유연하고 적응력 있는 학습 자료를 개발함으로써, 더 폭넓은 학습자층을 포용하고, 학습 참여도와 동기를 향상할 수 있는 가능성을 제시한다Barbeyrac et al. 2022.

이를 위해, ADT는 '학습을 위한 보편적 디자인Universal Design for Learning, 이하 UDL' 원칙을 기반으로 접근성 수준을 제고한 학습 자료를 제공한다. UDL은 학생들의 학습 방법의 다양성을 인정하는 교육 접근 방식으로, 모든 아이들이 학습에 있어 각자 고유한 선호와 요구가 있음을 인식한다. 따라서 UDL은 다양한 교수법, 유연한 학습 환경, 적응할 수 있는 자료의 사용을 장려한다. 이러한 접근 방식은 학습 방식이나 능력 등과 관계없이 모든 학생이 적극적으로 참여하고 학습할 수 있는 포용적인 교실을 구축하는 것을 목표로 한다UNICEF 2019. ADT는 시각visual, 청각auditory, 문자 기반

text-based, 운동감각kinesthetic 및 촉각tactile 등 다양한 학습 방식을 수용함으로써 UDL 원칙에 조응한다. 시각 정보를 통한 학습visual learning은 그림, 도표, 지도, 표, 수어sign Language 등을 활용하여 시각을 중심으로 정보를 처리하는 학습자를 지원한다. 청각 정보를 통한 학습auditory learning도 강조되며, 듣기와 말하기를 통해 정보를 획득하는 데 최적화된 학습자를 대상으로 강의, 오디오북, 음악, 그룹 토론 등을 제공한다. 또한, ADT는 책, e-reader, 에세이, 과제 등과 같은 문자 기반text-based 자료를 통해 읽기 및 쓰기 방식을 촉진한다. 마지막으로, 시뮬레이션, 인터렉티브 게임 등과 같이 경험과 실습으로 이루어지는 운동감각 및 촉각 정보를 통한 학습kinesthetic and tactile learning을 기반으로 콘텐츠와의 물리적 상호작용을 선호하는 학습자의 참여를 유도한다. 이러한 복합적인 다중 접근 방식을 통해 ADT는 모든 학생의 다양한 요구에 효과적으로 대응할 수 있다.

이렇게 UDL 원칙을 활용해 동일한 커리큘럼과 학습 내용을 다양한 방식으로 접근할 수 있도록 함으로써 비단 청각장애 아동뿐만 아니라 다른 장애를 가졌거나, 기존의 학습 방식에 적응하지 못하는 학생들의 수요까지 충족시키는 것이 ADT의 핵심이라고 이해할 수 있다. 이로써 교육 내용을 스스로 선호에 기반하여 선택한 방식에 의해 받아들인다는 점에서 전통적인 교수자 중심에서 탈피한 학습자 중심의 맞춤형 교육을 실현하는 것으로, 학생 대 교사 비율이 높은 환경에 적합하다. 일반적으로 ADT는 EPUB3 형식으로 제작되며, 태블릿, 컴퓨터, 스마트폰 등 전자기기에 직접 설치해야 한다. 경우에 따라 콘텐츠 액세스 포인트나 국가의 학습 플랫폼에서 인터넷 연결을 통해 다운로드할 수도 있다. 〈그림 2〉에서 볼 수 있듯, 한번 설치되면 해당 교재는 기기가 오프라인 상태일 때도 사용할 수 있다Barbeyrac et al. 2022.

그림 2 | UDL 원칙을 활용한 ADT 예시

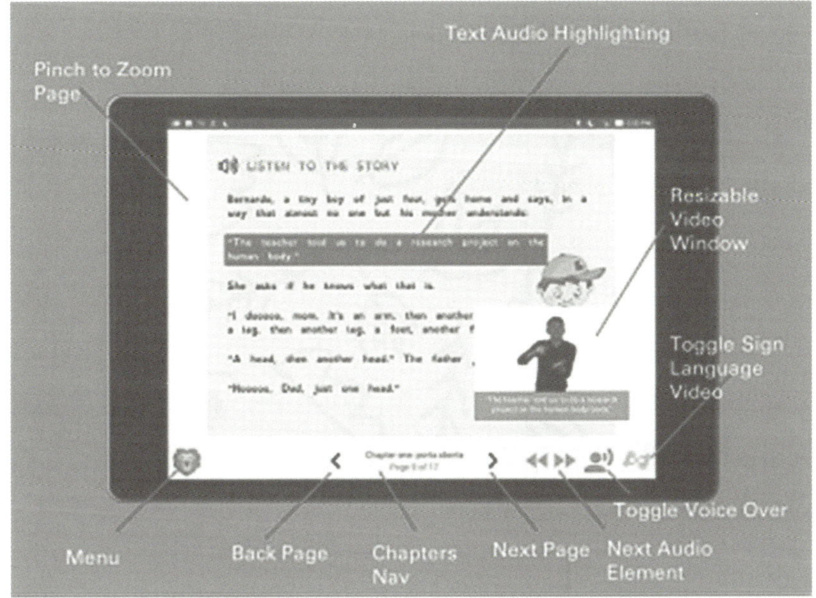

출처: Barbeyrac et al. (2022).

그러나 기본적으로 ADT는 그 자체를 구현하는 기술뿐만 아니라, 활용할 수 있는 적절한 환경과 더불어 ADT의 생산 및 조달, 포용적 환경 내에서의 학습 지원까지 하나의 지속적인 생태계로서 갖춰질 수 있게 하는 교육 체계가 함께 뒷받침될 때 궁극적인 목표를 달성할 수 있다. 이 때문에 파일럿 프로젝트에 참여한 세 국가에서 모두 정부 및 출판사와의 협력뿐만 아니라 장애인 단체Organizations of Persons with Disabilities, 이하 OPD의 참여 역시 매우 중요한 부분을 차지하였다. 실제로 OPD는 각국의 기술 작업 그룹Technical Working Groups에 대표로 참여하여 검증 과정에도 관여하였다. 이처럼 OPD의 적극적인 참여를 보장하는 것은 매우 중요한데, 시범적인 프로젝트를 넘어 정책으로 자리 잡고 장기적이고 '지속가능한' 시스템을 구축하는 데 있어 직접적인 이해당사자의 의견을 최우선으로 반영하는 것이 무

었보다 효과적이기 때문이다. 더욱이, SDGs 의제 수립과 이행 점검 프로세스에 있어 적극적으로 참여해야 하는 주요 이해관계자 그룹Major Groups and Other Stakeholders, MGoS에 장애인Persons with Disabilities 역시 포함되어 있다UN, n.d.. 그만큼, OPD가 정책과 프로그램의 수동적인 수혜자에 머무르지 않고 의사결정 과정에 실질적이고 핵심적인 역할을 할 수 있도록 보장하는 것은 장애인을 위한 진정으로 포용적이고 효과적인 솔루션을 개발하는 데에 필수적이라 할 수 있다.

앞서 II장 3절에서 검토한 법적 기반하에, 르완다에서의 ADT 이니셔티브 파일럿 프로젝트는 통합 교실에서 사용될 UDL 원칙을 적용한 최초의 ADT를 개발하는 것을 목표로 삼아, 교육부의 '교육 내 ICT 마스터 플랜ICT in Education Master Plan 2016'에 토대를 두고 시행되었다. 해당 계획은 정책 설계, 리더십 개발, ICT 인프라 구축, 교육과정 및 콘텐츠 개발, 교사 훈련 및 개발, 고등교육, 연구 및 혁신, 자원 조달 및 이행 등을 목표로 하는데, 이러한 각각의 목표 요소들이 ADT 개발을 시작하는 데에 있어 상당히 유리한 조건으로 작용한다Barbeyrac et al. 2022. 파일럿 프로젝트에서는 1학년 영어 교과서를 ADT로 변환하여 예비 현장 테스트를 실시하였다. 프로젝트 완료 이래, 유니세프 르완다UNICEF Rwanda와 르완다 기초교육 위원회Rwanda Basic Education Board 간 협력을 바탕으로 장애 여부와 관계없이 접근할 수 있도록 교육학적으로 조정된 교과과정을 적용하여 교과서를 개발 중이며, 이렇게 개발된 ADT는 UDL 원칙을 활용하여 훈련된 교사들에 의해 수정되었다.

프로젝트의 2022년 기준 성과는 다음과 같다Barbeyrac et al. 2022: ① 통합교육 모델을 적용하는 60개의 학교에서 사용, ② 해당 학교의 교사를 대상으로 UDL 원칙을 이용한 통합교육과 교수법에서의 적용 방법에 대해 훈련 진행, ③ 55개의 ADT 제작 마무리, ④ 제작된 ADT를 르완다 교육위원회 Rwanda Education Board, REB 플랫폼에 제공 예정, ⑤ 유엔 기관, OPD, 주요 정부 관계자 교사, 정보 전문가, 출판사 등 포함로 구성된 정책 및 운영위원회 Policy Board and Management Committee를 설립하여 접근할 수 있는 교육 자료를 포함한 통합교육 업무를 감독한다.

'자원 센터(Resource Center)' 개관

앞서 살펴본 ADT만이 르완다의 유일한 통합교육 프로젝트는 아니다. 르완다는 자국의 교육 시스템 2019~2023 내에 통합교육을 실현하기 위해 다중 접근법 multi-approach을 채택하였는데 World Bank 2023b, '자원 센터 Resource Center, RC' 역시 그 기조에 맞게 고안된 것으로, 통합교육 서비스 제공을 위한 주된 방식으로 여겨지고 있다. 이에 더해, RC를 보조하는 수단으로서 영국 외교·영연방·개발부 United Kingdom's Foreign, Commonwealth, and Development Office, 이하 FCDO의 지원을 받아 소규모로 시행되는 프로젝트인 'Building Learning Foundation 이하 BLF'이 병행되고 있다. 특수교육을 담당하는 코디네이터가 선정된 일부 학교를 순회하며 교사로 활동하는 것으로, 부수적인 이니셔티브로서의 성격을 갖는 만큼 모든 학교에 적용되는 것은 아니다 World Bank 2023. RC는 크게 4가지 유형으로 구성되어 있다: ① 특수 학교 Special schools, ② 자원실 Resource rooms, ③ 자원 센터 Resource centers[7], ④ 지역사회 기반 자원 센터 Community-based resource centers. 〈표 2〉는 유형별 특징을 나타낸 것이다.

전통적으로 르완다는 대부분의 특수학교가 민간에서 운영되고, 그마저도 고가의 비용에 절대적인 학교 수 미달로 공교육 시스템 내에서 전문성의 부족을 겪어왔다. RC는 이러한 고질적인 전문성 결여를 개선하고 직접

7 여기에서 '자원 센터'는 RC와 명칭은 같으나 RC의 유형 중 하나로 이해해야 한다. 따라서, RC의 성격과 특성 중 일부를 차지할 뿐, 전체 개념을 포괄하지 않는다.

표 2 | RC의 유형과 특징

유형		특징
자원 센터 (Resource Center, RC)	특수 학교 (Special schools)	1) 기존의 특수 학교가 RC로 전환되어 활용 2) 정부와 민간의 지원으로 운영 3) RC 중 가장 중요한 접근 방식 4) 2023년 기준 52개 운영 중
	자원실 (Resource rooms)	1) 통합학교 내에 설치되어 장애 아동 지원 2) 지정된 관리자(교사)가 관리
	자원 센터 (Resource centers)	1) 장애인 국가 위원회 (National Council for Persons with Disability)가 설립 2) 중등학교 학생 및 학교 밖 아동을 대상으로 운영
	지역사회 기반 자원 센터 (Community-based resource centers)	1) 장애 아동 수용을 위해 설립 2) 정식 학교로는 미지정 상태

출처: World Bank (2023) 바탕으로 저자 재구성

적으로 지원하기 위한 모델로서 도입되었으며, 다음과 같은 기능을 제공한다 World Bank 2023 : ① 교사 교육 및 역량 강화 점자, 수화 등 특수 기술 , ② 교수 및 학습 자료 제공. '교사 교육 및 역량 강화'는 RC 내 특수 기술 수화, 점자 등 에 대한 보다 높은 자격을 갖춘 교사들이 통합학교 내 교사들을 교육함으로써 장애 아동 교육에 직접 적용할 수 있는 능력을 제고하는 데에 목적이 있다. 또한, '교수 및 학습 자료 제공'은 인근 통합학교 구성원들이 직접 RC를 방문하여 관련 자료를 대여할 수 있도록 마련한 시스템이다 World Bank 2023 .

RC와 BLF의 실행에 있어 국가 내외의 파트너십과 협력이 상당한 중요성을 갖는다. 각 이니셔티브의 이행을 지원하는 주체와 그 방식은 다음 〈표 3〉과 같다. 세계은행, 유니세프, FCDO, Humanity & Inclusion을 비롯해 장애인 단체, 학교 지도자, 지역사회 기반 근로자 등 국내외 주체들이 시설 건립, 자료 제공, 교육 활동 등 여러 가지 방식을 활용해 RC와 BLF를 지원하였다. 영국의 공적개발원조 ODA 시행의 중심 기관인 FCDO는 장애

표 3 | RC 및 BLF의 지원 주체와 방식

	주체	방식
국외 파트너십	World Bank	- RC 등 시설 건축 지원
	UNICEF	- 자원실(Resource rooms) 마련 - 교과서 지원
	영국 외교·영연방·개발부(FCDO)	- BLF 지원 - 교사 교육 지원
	휴머니티앤인클루전 (Humanity & Inclusion, HI)	- 교사 교육 지원
국내 파트너십	지역사회 기반 근로자	- 애드보커시 활동 지원 - 교육 지원
	학교 지도자	
	장애인 단체(OPDs)	

출처: World Bank (2023) 바탕으로 저자 재구성

아동이 양질의 교육을 받을 권리를 실현할 수 있도록 인권에 기반한 장애 포용 접근법을 강조하는 'Disability Inclusion and Rights Strategy'를 수립했다 FCDO 2022. Humanity & Inclusion은 1982년 설립된 국제 비영리 자선 구호단체로, 장애인 등 극심한 어려움에 처한 취약계층의 기본적인 생활 조건을 개선하고 그들의 존엄성과 권리를 보호하는 활동을 주로 추진하고 있다 UNESCO 2022g. 기본적으로 FCDO와 Humanity & Inclusion은 르완다의 통합교육을 지원하는 이니셔티브에 포함되어 있어 여러 가지 서비스를 제공하고 있다. 이러한 노력은 르완다, 에티오피아, 네팔의 장애 학생들의 교육적 성과를 지원하기 위해 "혁신적인 개입에의 투자 investing innovative interventions"에 초점을 맞춘 다자간 신탁기금 multi-donor trust fund 인 통합교육 이니셔티브 Inclusive Education Initiative 의 웹사이트를 통해 공유된다 IEI 2024.

결과적으로 RC를 통해, 4,000개 이상의 학교에서 최소 1인 이상의 교사가 통합교육에 대한 트레이닝을 받아 근무 중인 각 학교 내 다른 교사를 직접 교육함으로써, 교육의 연쇄적 전달·파급을 바탕으로 효율적인

전략 목표를 달성하였다. 추가로 담당 교사 교육용 및 참조 문서로써 활용될 통합교육 모듈이 생성되었다. RC의 유형 중 하나인 자원실Resource rooms은 통합학교 내에 설치되어 해당 학교를 지원할 수 있는 기본적인 자료를 제공하는 역할을 성공적으로 수행해왔다. 이와 같은 긍정적 성과를 바탕으로 통합학교 내로 설치가 제한되었던 자원실을 다른 주류 초등학교mainstream primary school에도 확대 적용할 가능성이 커졌다World Bank 2023.

이렇게 괄목할 만한 성과에도 여전히 한계는 존재한다. 예컨대 점자, 수어, 보조 기구 사용 등 핵심적인 전문 특수 기술에 대한 교육 역량은 여전히 상당한 개선이 필요한 실정이다. 아직 특수교육보다는 일반적이고 교육학적인 내용에 초점을 두고 있다는 점이 지적되고 있기 때문이다. 더욱이, 여러 형태의 보조 기구들의 보급도 원활하지 않고 자원의 제약도 상당한 어려움으로 꼽힌다. 또한, 부모장애 아동과 비장애 아동 모두 포함의 통합교육에 대한 인식 부족과 부정적 태도 역시 지속해서 극복해 나가야 할 중요 과제라 할 수 있다World Bank 2023.

분석 프레임워크

개발 연구에서 사용되는 여러 평가 접근법 가운데, 본 논문은 두 통합교육 프로젝트가 지향하는 자원inputs, 활동activities, 산출물outputs, 사업 개발 목적purposes 및 장기 개발 목표goals를 체계화함으로써 "평가적 사고evaluative thinking"를 추구하는 논리 모델에 기반한다Lemire et al. 2020. 국제개발협력 프로젝트의 평가에 있어 논리 모형을 일종의 도구로써 활용하는 것은 기본적으로 투입, 활동, 결과물이 구체적으로 어떤 것인지 파악하고, 평가가 성과로 이어지는 메커니즘, 평가의 목적책무성 확보, 학습 및 의사결정 기반 구축이 달성되는 과정을 비교적 수월하게 식별할 수 있도록 함으로써, 평가의 기본적 논리와 실제로 적용되는 방식을 전달하기에 효과적이다Lee et al. 2024. ToC의 요소는 논리 모형 모델Logical Framework, 이하 Logframe 또는 Project Design Matrix PDM의 구성과 유사해 보이지만, Logframe과 PDM이 선형적 순서에 따른 단일한 인과관계만을 표현하는 것에 비해, 각 요소들이 서로 연관되며 복잡하고 다양한 인과관계 분석을 가능하게 한다는 것이 ToC의 핵심적인 특징이다Park et al. 2015.

변화이론Theory of Change, ToC을 활용한 분석은 개발 협력 사업 과정에서 다양한 이해관계자[8]의 목소리가 반영되었는지 논의할 수 있는 지평을 열어주기에 특히 통합교육 프로젝트에 적합하다. 각 이해관계자들은 평가의 전 과정에서 구별되는 역할과 목적을 바탕으로 평가를 활용하는데, 실제 프로젝트의 공식적 평가 단계에는 직접적으로 관여하지 않는 학계, 시민사회 등의 간접 이해관계자 역시 프로젝트 결과를 토대로 연구를 수행하거나, 애드보커시로서 활동을 전개한다Lee et al. 2024. 이에 따르면, 본 연구는 간접 이해관계자 중 학계에 해당하는 위치에서 유엔 공식 보고서를 기반으로 새로운 통찰의 발견, 지식과 정보의 생산과 제공, 인식 변화 촉진 등의 학술적 기여라는 역할과 목적하에 프로젝트의 평가를 활용하는 것으로 이해할 수 있다. 이러한 관점에서, 본 연구는 ToC를 적용하여 ADT와 RC라는 통합교육의 두 모델이 어떠한 실효성을 갖는지 분석함으로써, 두 모델의 차이점, 개선 방향, 상호 보완을 통한 확장 가능성 등을 고찰하고 다른 관련 정책과 사업에 제언하기 위해 평가를 활용한다.

이 과정을 수행하기 위해 본 연구는 ADT와 RC 사례 분석에 있어 해

---

8 여기서 '다양한 이해관계자'라 함은 핵심 이해관계자(key stakeholders), 직접 이해관계자(primary stakeholders), 간접 이해관계자(secondary stakeholders)를 모두 포함하는 것으로, 각 유형의 구체적인 예시는 Lee et al. (2024) 참조.

당 프로젝트를 추진한 주요 주체인 유네스코와 세계은행의 프로젝트 보고서를 검토하고, 정부, 시민사회단체, 양자 원조 기관 등 다른 이해관계자가 제공한 추가 정보를 살펴보았다. 또한, 동아프리카 각국의 전반적인 동향을 파악하기 위해 법률과 정책을 소개하는 문서와 웹페이지를 활용하였다. 평가 연구 수행을 위해 많은 양의 정보를 수집하였으나, ADT와 RC 프로젝트 관련 자료에 접근하는 것이 상당 부분 제한되어있어, 자원 input 과 활동 activities 등 모든 세부 사항을 평가하고 분석하기에 분명한 한계가 있다. 이에, 확인 가능한 자료를 기반으로 프로젝트의 전체적인 구조를 분석하여 사업 활동과 산출물 outputs 이 통합교육과 장애인의 교육 접근성 문제의 해결이라는 목적에 어느 정도 부합하는지, 프로젝트에 내재된 가정 assumptions 과 장애아동에게 남아있는 어려움을 어떻게 해결하는지 평가하는 데에 주력하였다. 더불어, 유엔이 추진하는 "Education for all", "Leave no child behind in learning"과 같은 보다 광범위한 목표를 함께 고려하였다.

자료의 제약에도 불구하고, 본 연구는 ToC를 적용함에 있어 Lee et al. 2024 의 '영향력별 국제개발협력 평가 이해관계자 분류 International Development Cooperation Evaluation Stakeholders by Influence '를 접목하였다는 점에서 중요한 시사점을 제시한다. Lee et al. 2024 에 따르면, 평가의 직접 이해관계자 primary stakeholders 는 평가 과정에 직접 참여 또는 관여하여 평가 결과에 영향을 미친다. 특히, 본 논문은 교육 프로젝트나 개혁을 평가하기 위해 Pritchett 2015 이 제안한 것과 같이, 이해관계자를 세 가지 유형으로 분류한다: ① 수혜자 학생, 학부모, 시민 , ② 일선 서비스 제공자 교사 및 학교 , ③ 정부 기관. 의사결정 권한의 수준이 상이하기에, 각 유형의 이해관계자가 미칠 수 있는 영향력에도 차이가 있으며, 이는 프로젝트의 전반적인 목표와도 상충될 수 있다.

분석 결과

ADT와 RC의 ToC 분석 결과를 〈그림 3〉과 〈그림 4〉에 각각 정리하였다. 〈그림 3〉은 Barbeyrac et al. 2022의 관련 내용을 토대로 저자가 ADT의 ToC를 구현한 것으로, "보편적이고 공평한 교육 접근성 달성"이라는 목표goal에 대한 세 가지 주요 성과outcomes는 다음과 같다: ① 르완다의 정책 환경에서 장애 학생을 위한 통합교육 강화공교육 시스템 내, ② 양질의 학습 자료에 대한 동등한 접근 보장개인 차원, ③ 통합 교실에서 사용할 수 있도록 UDL 원칙을 적용한 첫 번째 ADT 개발학교 차원.

유니세프는 ADT의 성과를 평가하기 위해 진행 상황을 추적하고자 여러 자료를 활용하였다. 먼저, 이용 가능한 ADT의 수량을 통해 현황을 살펴보았다. 둘째, ADT에 접속하여 수업과 활동을 완료한 사용자 수를 수집함으로써 참여도와 활용도에 대한 정보를 얻었다. 셋째, 기기 접속자 수, ADT 내에서 수행된 활동, 콘텐츠 유형별 사용자의 관심 영역 및 사용

그림 3 | Theory of Change—ADT

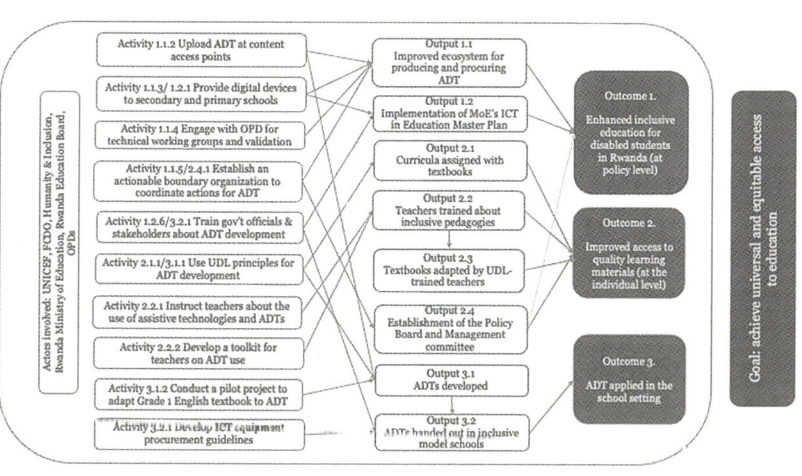

출처: 저자 작성

기록에 관한 정보 등 사용자에 관한 상세한 데이터를 확보하였다. 넷째, 교육 진행 상황을 평가하기 위해 학습 평가 데이터를 수집하였다. 마지막으로, 학생 및 교사 대상 인터뷰를 통해 ADT의 효과와 사용자 경험에 대한 질적 피드백과 인사이트를 파악하였다.

더불어, ADT를 구축하기 위한 활동activity, 산출물output, 사업 개발 목적purpose, 장기개발목표goal를 달성하는 데 다양한 자원이 활용되었다. 먼저, 스마트 교실 이니셔티브를 통해 태블릿, 노트북, 스마트폰 등의 이용 가능한 디지털 기기가 제공되었으며, 통합교육을 위해 교실을 개조하는 등 물리적 인프라를 확충하였다. 또한, 추가 구매를 위한 조달 가이드라인을 마련하고, 연수를 받은 ICT 교사를 통해 기술 보조, 장비 유지 및 보수를 지원하였다. Humanity & Inclusion과 협력하여 장애 아동 400명이 등록된 10곳의 시범 통합학교에 학교당 5대의 태블릿이 배치되었으며, 제정적 자원으로는 UNPRPD MPTF의 자금이 활용되었다.

이에 더해, 인적 자원에 대한 역량 강화 역시 다양한 방식으로 이루어졌는데, UDL 원칙의 적절한 활용과 ADT의 효과적인 사용을 위해 교사를 대상으로 한 훈련이 진행되었고, 교육과정 설계 담당자, OPD, 교사, 출판사 및 학부모 간 파트너십이 강화되었다. 정부 관계자들도 ADT 이니셔티브 관련 교육을 받았으며, 유니세프 르완다UNICEF Rwanda와 르완다 기초교육위원회Rwanda Basic Education Board는 기존 교육과정을 ADT에 맞게 조정하기 위해 협력하였다. 또한, 연수받은 교사들이 UDL 원칙에 따라 ADT를 설계하는 데에 참여하였다. 앞서 언급했던 정책 및 운영위원회UN 기관, OPD, 교사, 정보 전문가, 출판사 등을 비롯 주요 정부 관계자를 포함의 설립 역시 중요한 인적 자원 활용에 해당한다고 볼 수 있다.

분석한 ToC를 전반적으로 살펴보면, 성과outcome 및 산출물output 수준에서의 참여는 주로 교사 및 학교 등의 일선 서비스 제공자frontline providers,

사업수행자 implementing partners, 정부 기관 ADT 협력국 측의 정부 기관, counterpart organizations에 집중되어 있다. ADT가 효과적으로 작동하기 위해서는 특정 디지털 인프라와 생태계가 필요하다는 것을 고려할 때, 문제 해결 방식에 있어 개인 학생 차원의 접근 성과 1과 3 보다는 시스템 및 공동체 집단 차원의 접근에 더 높은 우선순위가 부여된 것으로 이해할 수 있다.

그러나, 이러한 시스템 중심의 접근 방식을 구현하기 위해 세 유형의 이해관계자가 모두 참여하였으며, 그 정도의 차이는 상이하였다. 학생들은 직접수혜자 direct beneficiaries로서 ADT에 대한 개인적인 경험을 공유하고 이는 이후 평가에 활용된다. 학생 외에도 일반 시민, 특히 OPD의 역할이 포함되어 있다는 점은 주목할 만하다. 이 프로젝트는 직접 이해관계자 primary stakeholders는 아니지만, 준 準 대상 집단의 관점을 반영하고자 하며, 이들을 기술 작업 그룹 Technical Working Groups 및 평가자의 일원으로 적극적으로 참여시키고 있다. 반면, 학부모와 일반 시민의 역할은 제한적이었던 것으로 보이며, 이에 대해서는 다음 장에서 자세히 살펴볼 예정이다.

〈그림 4〉는 저자가 RC의 ToC를 World Bank 2023를 바탕으로 도출한 것이다. RC의 성과를 확인하기 위해 사용된 지표는 ① 자원 센터 모든 유형

그림 4 | Theory of Change--RC

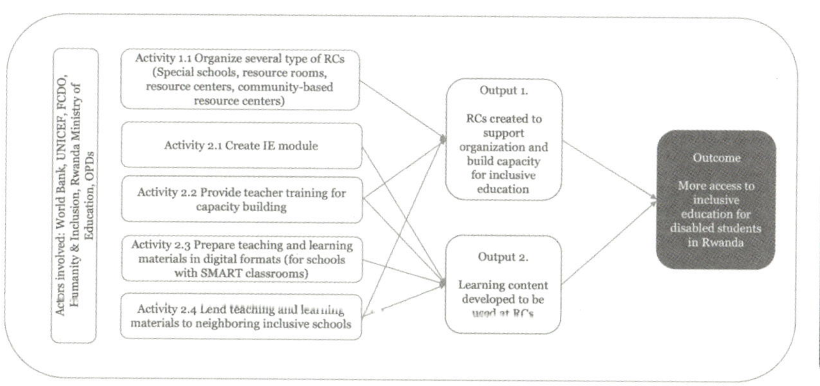

출처: 저자 작성

포함의 수, ② 훈련받은 교사의 수, ③ 접근할 수 있는 교수 및 학습 자료의 수량과 품질이다. ADT와 마찬가지로 RC를 구축하기 위한 활동activity, 산출물output, 사업 개발 목적purpose과 "단 한 명의 아이도 학습에 소외되지 않게 한다leaving no child behind in learning"는 장기개발목표goal를 달성하기 위해서 다양한 자원이 활용되었다.

물리적 인프라의 경우, RC 프로젝트의 주요 활동activity이 다양한 유형의 자원 센터를 마련하는 것인 만큼, 전술한 유형별 자원 센터 시설 자체가 그 인프라에 해당한다. 구축된 네 가지 유형의 RC는 다음과 같다: ① 기존 특수 학교Special schools가 전환된 자원 센터, ② 장애 아동을 지원하기 위한 통합학교 내 자원실Resource rooms, ③ 장애인국가위원회National Council for Persons with Disability가 설립한 자원 센터Resource centers, ④ 장애 아동 수용을 위해 설립한 지역사회 기반 자원 센터Community-based resource centers. 또 다른 인프라로, 센터 내에 비치된 교수 및 학습 자료 등이 있다. 이러한 자료는 담당 교사 교육에 사용되거나 교사에게 참고 자료로도 배포되는 통합교육Inclusive Education, IE 모듈을 통해 제공되었다. 또한, 자료는 RC 간에 공유가 가능하도록 하였으며, 텍스트와 오디오가 포함된 디지털 형식의 교과서 등도 스마트 교실이 설치된 학교에 지원되었다.

RC 프로젝트는 학교당 최소 1개 이상의 자원 센터를 제공하기 위해 다양한 제정 및 인적 자원을 활용하였다World Bank 2023b. 제정적 자원으로는 정부와 민간 부문의 자금 지원과 세계은행의 시설 건립 지원, 유니세프의 자원실 및 접근성을 강화한 교과서 지원 등이 동원되었다. 또한, 인적 자원 측면에서 자원실 관리자가 지정되었고, 점자나 수화에 능숙하지 않은 교사를 훈련시킬 수 있는 자격을 갖춘 교사들이 육성되었다. 이러한 교육은 4,000곳 이상의 학교에서 학교당 최소 한 명의 교사에게 제공되었다. FCDO와 Humanity & Inclusion 역시 교사를 대상으로 한 교육을 지원하였고, 지역사회 기반 활동가나 학교 지도자 및 OPD 역시 다양한 옹호 활동애드보커시과 훈련 등에 기여하였다. 이러한 포괄적인 네트워크는 RC 프로젝트를 발판 삼아 르완다의 통합교육을 촉진시키는 데에 핵심적인 역할을 담당하였다.

RC의 ToC에서도 ADT와 마찬가지로 성과outcome 및 산출물output 수준의 활동은 주로 일선 서비스 제공자frontline providers와 정부에 의해 수행된다. '직접수혜자direct beneficiaries'로서 장애 학생들 역시 직접 이해관계자primary stakeholders 중 하나이며, RC의 수혜자 수는 ADT보다 더 많다. 이는 RC가 초등학생뿐만 아니라 중등학생, 심지어는 국가 교육 시스템 내에서 극도로 소외된 학교 밖 아동까지 지원 대상으로 포함하고 있기 때문이다. 또한, ADT와는 달리, RC에서는 학부모와 시민은 물론, 더 나아가 OPD와 같이 준準 대상 집단에 해당하는 이해관계자들까지도 그 뚜렷한 역할이 나타나지 않는다. 이는 RC가 보조적 성격의 프로젝트이기 때문으로 해석할 수 있다. 프로젝트는 지역사회 기반 자원 센터Community-based resource centers 등 다양한 형태의 RC를 통해 수혜 대상 범위의 확대를 지향하나, 실제 지역사회 일반 구성원들의 지원이나 역할은 확인되지 않았다.

논의 및 결론

상기 ToC를 바탕으로 도출한 분석 결과에 따르면, ADT와 RC 프로젝트 모두 전반적으로 예상 가능한 수준의 산출물output을 창출했음을 확인할 수 있었다. 그러나 현재도 진행 중인 프로젝트이기에, 더 많은 관찰과 지속적인 피드백을 통해 프로젝트 계획과 모델을 점차 수정해나가야 할 것으로 판단된다.

이해관계자 유형별 ADT 및 RC 비교 분석

ADT와 RC 프로젝트의 구현은 다음과 같은 가정assumption을 전제로 하였던 것으로 파악된다. 본 연구는 두 프로젝트의 전개과정을 세 가지 주요 이해관계자를 중심으로 규명한다: ① 수혜자학생, 학부모, 시민, ② 일선 서비스 제공자교사 및 학교, ③ 정부 기관Pritchett 2015. 이렇게 교육 시스템 내 세 차원의 이해관계자를 검토함으로써 사업 과정에서 청각장애인의 상황과 의견이 충분히 고려되었는지 분석할 수 있다Lutalo-Kiingi et al. 2017.

먼저, (1) 학생 개인의 차원에서 학교 밖 아동의 수를 감축하고 학교 등록률과 재적률을 향상시킬 수 있는 획기적인 방법에 대해 추가적으로 고안해야 할 필요가 있다. 실질적으로 ADT나 RC는 학교에서 교육을 받는, 즉 교육 시스템 내에 포섭되어 구조 속에서 공적으로 관리될 수 있는 학생이어야 그 이용이 가능하다. 물론 RC의 경우 학교 밖 아동을 대상으로 지원하는 유형의 센터가 존재하기는 하지만, RC의 중점 지원 대상은 사실상 학교 내 학생에 머물러 있다. 이는 학교 밖 장애 아동의 교육 접근성 확대에 있어 뚜렷한 한계를 보여주는 것으로, 프로젝트의 의도와 실제 도달 수준 간에 상당한 괴리가 있음을 시사한다.

학생의 참여 외에도, 기본적으로 장애와 통합교육에 대한 (2) 부모와 지역사회의 인식과 긍정적인 태도가 프로젝트 이행에 있어 매우 중요하다. 장애에 대한 차별적 사고가 만연한 사회 분위기 내에서는 잘 짜인 사업이라 할지라도 그 기반을 다지기 어려우며, 충분한 기대 효과를 얻을 수 없기 때문이다ICED 2023. 결과적으로, 효과적인 통합교육 프로젝트의 구현을 위해서는 사회적 태도와 인식을 포괄적으로 다루는 것이 필수적인 전제조건이 된다고 하겠다.

다음으로, (3) 교사/학교 차원에서 살펴볼 때, 학생의 장애가 조기에 선별되고 진단되는 것은 가장 먼저 이루어져야 할 과제라 할 수 있다. 이른 시기에 진단된 장애에 대한 정보는 해당 학생의 교육을 어떻게 진행해야 할지 보다 신속하게 결정하는 데에 큰 도움을 준다. 또한, 적절한 진단도구도 충분히 마련되어야 하며, 선별과 검진은 정기적으로 이루어져야 한다. 이러한 조치는 시의적절한 개입을 가능케 하여 궁극적으로 장애 학생의 교육적 경험의 수준과 성과를 향상시킨다.

장애의 진단과 대처 외에 실제 교육에 있어서도 고려해야 할 요소가 상당하다. ADT의 경우 오프라인에서도 접속 가능하도록 개발된다고 해도 ADT를 사용할 수 있는 컴퓨터, 태블릿, 휴대폰 등 전자 기기가 반드시 함께 제공되어야 한다. 그러나 국가 차원에서 한 가구당 기기 한 개씩을 무조건적으로 보급하거나, 모든 학교가 인터넷에 안정적으로 접속할 수 있는 환경을 조성하는 것은 현실적으로 매우 어렵다. 일례로, 태국에서 2012년 도입된 'One Tablet per Child' 프로그램은 이러한 문제를 단적으로 보여준다Dipendra 2023. 해당 프로그램은 초등학생들에게 태블릿을 지급하면서 디지털 학습 접근성을 높이려 했으나, 대량 배포를 위한 자금, 기기의 유지 보수 비용 등 대규모 예산 문제와 여러 인프라 및 관리 부족 등의 한계로 운영에 어려움을 겪은 바 있다. 설사 지급이 가능하다고 해도 ADT만을 가지고 학생들이 스스로 학습하여 일정한 학업 성취 결과를 보장받기란 쉽지 않다. 사실상 ADT를 효율적이고 효과적으로 활용할 수 있도록 교사의 적절한 지도가 반드시 필요하며, 이는 기술 기반 학습technology-enhanced learning 환경에서 교사의 역할이 상당히 중요하게 작용함을 뒷받침한다.

마지막으로, (4) 국가/교육부 차원에서 분석할 때, ADT 및 RC 이용을 제한하는 여러 인프라나 시스템적인 측면을 고려해보아야 한다. 장애 학생의 경우 학교까지의 거리와 교통편의 열악한 정도에 더 큰 영향을 받기 때문에 시설 및 교통 인프라 수준에 따른 접근성이 상대적으로 취약하다. 물론 RC가 이러한 문제를 감안하여 전략적으로 배치되었는지는 알 수 없다. 기본적으로 정부는 르완다 통합교육의 핵심을 최대한 많은 장애아동의 교육 접근성 개선에 둘 것인지, 이미 학교에 재학 중인 아동의 교육의 질 향상에 둘 것인지 판단해야 한다. 그럼에도, 이러한 물리적 접근성의 한계를 극복할 수 있는 현실적 방안을 찾는 것이 무엇보다 시급하기에 RC의 절대적 수를 늘리고, 그 역할을 심화할 수 있을지에 대해서도 고민이 필요하다. RC를 지역사회 차원에서 더 많이 세워 학교가 포괄하기 어려운 사각지대에 놓인 학생에 대해서 일종의 '공부방', '교습소', 아동센터의 역할까지 담당할 수 있도록 한다면 실질적인 의미에서 접근성을 한층 더 강화할 수 있을 것으로 예상한다. 물론 장기적 차원에서 RC뿐만 아니라 교통수단 자체도 그 양과 질을 개선해 나가야 할 것이다. 또한, 장애학생과 그 가정을 위한 정부 지원이나 혜택 등 정책이 있음에도, 관련 지식에 쉽게 접근할 수 있는 플랫폼이나 채널이 부족하여 적절한 도움을 받지 못하는 경우도 상당하기에, 기존의 교육 지원에 대한 인식 여부를 전반적으로 조사하고 정부 차원에서 효과적인 소통 창구를 마련하는 것 역시 중요한 과제로 볼 수 있다.

두 프로젝트 간 상보성

두 프로젝트에 대한 평가의 수준을 보다 향상시키기 위해서는 프로젝트의 효과성을 입증할 수 있는 지표indicator를 더욱 다양하게 개발할 필요가 있다. 앞서 언급된 지표의 경우, 일부는 프로젝트 보고서에서 명시하고 있으나, 그 양과 질이 보완되어야 할 것으로 사료된다. 예컨대, 훈련, 연수 등을 받은 교사의 수, 두 프로젝트에 대한 교사들의 평가 기존 교수법에 비해 ADT 또는 RC의 활용으로 가르침이 용이해진 측면, 교사 대상 교육의 기간과 실효성 교육 완료 후 테스트 결과 등, 학생들의 문해력 향상 정도 프로젝트의 효과, 프로젝트 내 서비스 이용 후 학생들의 피드백만족도 등 조사, 특히 ADT의 경우 서비스나 내용이 미흡한 페이지가 있는지, 어떤 구성과 콘텐츠가 어느 정도의 평가를 받았는지 식별하는 등, 지표의 다양화와 세분화가 이루어져야 한다. 이와 같은 추가 지표는 우간다의 사례와 같이 프로젝트의 성과와 영향에 대한 구체적인 평가를 제공하여, 프로젝트의 효과와 개선이 필요한 영역을 보다 심층적으로 파악할 수 있게 한다Miles et al. 2011.

이러한 지표의 보완은 산출물output로 제시된 변화와도 연결되기에, 객관적으로 판단할만한 수치적 자료 또는 정성적 자료가 있는지 검토하였으나 역시 전반적으로 미흡하였다. 통합교육의 확산이 목표인 만큼, 프로젝트의 지속적인 개선과 더불어 정책으로의 발전 등으로 이어지기 위해서는 세부적인 자료를 공개하는 것 또한 프로젝트 단계에 있어 필수적인 요소임을 유의해야 한다.

아울러, 앞선 분석에서 살펴본 바와 같이, ADT와 RC 모두 궁극적으로 통합교육 촉진과 장애인의 교육 접근성 강화를 통한 인권 증진을 목표로 하는 만큼, 고려해야 할 가정assumption이 비슷하다. 프로젝트의 수행에 있어 장애물이 되거나 선결되어야 하는 조건장애인들이 겪는 불합리한 상황 등이 맞물리기에 이를 함께 해결해 나가기 위한 추가 프로젝트 또는 보조 사업이 필요함을 제안할 수 있다.

두 프로젝트 사례의 방향적 함의

이처럼 두 프로젝트의 분석 결과가 상당 부분 유사한 측면을 공유하고 있으나, 본질적인 부분에서의 차이 역시 명확하다. ADT와 RC는 각각 표면적인 문제 해결 방식이나 주목하고 있는 지점이 다르다. 예컨대, ADT는 교사가 개입하여 학습에 필요한 도움을 주지만, 기본적으로는 학생 주도적, 중심적인 성격을 띠며, 집단학교보다는 개인 수준의 해결책이라 볼 수 있다. 반면 RC는 학교 또는 지역사회 등 공동체 집단 수준의 해결책으로 이해할 수 있다. 이러한 상반된 특성 때문에 각 프로젝트는 비교적 명확한 장단점을 가지고 있다.

먼저, 상술한 ADT의 개별화된 특성으로 인해 ADT의 전달, 접근, 교사의 활용법 교육 등을 제외하면 ADT를 활용한 학습은 전적으로 학생의 몫으로 남겨지기에, 이러한 자율성은 양날의 검으로 작용할 수 있다. 이를테면, 다양한 미디어를 사용함으로써 장애로 인한 학습의 어려움을 보완할 수 있기에 교육과정의 구체적인 내용에 대한 접근성이 높다거나, 개별적인 선호에 따라 ADT에 포함된 미디어를 자유롭게 선택하여 내용을 습득할 수 있기에 기존의 일방향적 교육 인풋에 매몰된 것이 아닌 다양한 학습 방식을 제공하고 선택권을 높임으로써 학습의 흥미를 고취하고 참여를 증진할 수 있다는 장점이 있다. 최근 비영리 단체인 Essl 재단은 르완다 외에도 글로벌 사우스의 다른 9개국에서 채택된 ADT 이니셔티브를 523개 후보 가운데 Zero Project Award 2024의 수상작으로 선정하며 ADT의 혁신성과 잠재적인 영향력을 인정하였다 UNICEF 2023.

그러나, 그만큼 학생 주도적 특성이 강하기 때문에 학생이 스스로 학습하지 않으면 제대로 된 학습 효과를 장담하기 어려울 수 있고, 여러 여건의 한계로 인해 개별적으로 모든 학생에게 기기를 제공하지 않고 학교에 기기를 배치하여 활용하고 있는 만큼 학교 이외의 집이나 다른 지역에서의 사용이 제한적이다. 실제 ADT 이니셔티브의 결과를 살펴보면, 코로나 19 팬데믹 기간 동안 학습에서 배제된 아이들의 학업을 위해 ADT의 필요성이 명확히 드러나면서도, 장애 아동을 포함한 많은 어린이들은 학교 외부에서 태블릿이나 컴퓨터 등 디지털 기기에 접근할 수 없었던 것을 확인할 수 있다 Barbeyrac et al. 2022.

이러한 ADT의 개별화된 특성과 상반되게 RC는 집단화된 특성을 지니고 있다. 이 때문에, RC는 장애 학생을 지원하기 위하여 제공되는 공동체 주도의 서비스 형식에 가깝다고 볼 수 있다. 이는 어디까지나 학습에 있어 보조적 성격을 띠고, 교육 접근성 강화를 위한 핵심적 방식은 아니기에 그 자체로 많은 교육적 성과를 가능하게 하는 주류 프로젝트가 될 수는 없다. 포용적인 공동체 구축을 위해 중요한 기능을 담당하면서도, 학업 성취에 있어서는 간접적인 영향만을 미친다. 이와 같은 특징은 전체적인 통합교육 이니셔티브 환경에서 RC의 보완적인 성질을 잘 보여준다.

그럼에도 불구하고, ADT와 RC 두 프로젝트는 서로 배타적이라기보다 상호 보완적인 성격을 가지므로, 앞서 언급한 서로 다른 특성에 의한 장단점을 상쇄할 수 있을 것으로 예상한다. RC와 비교하면, ADT의 다양한 이해관계자의 참여는 단기적 성과를 넘어 장기적인 차원에서 자생할 수 있는 지속가능성을 확보하는 데 핵심적인 동력으로 작용한다. 유네스코는 장애인을 위한 통합적 ICT 교육 정책을 개정, 개발, 구현하는 데에 지원하였으며, 유니세프는 유아 교육Early Child Education, ECE 및 초등 저학년 단계에서 접근할 수 있는 학습 자료에 대해 수어 사용 가이드를 개발하는 것에 일조하고, ADT 이니셔티브에 대한 7가지 전략 제안을 담은 가이드라인을 제시하였다UNICEF 2021. 또한, 유니세프의 이행 파트너인 Humanity & Inclusion의 운영 지원으로 ADT 테스트 및 도입이 가능했으며, UNICEF Innocenti Research Center는 학교 내 ADT의 구현, 테스트, 시범 관련 방법론을 개발하였다. 이러한 협력 체계는 르완다에서 ADT를 위한 기반을 구축하는 데에 크게 기여하였다. 이와 유사한 접근 방식을 통해 두 프로젝트 간의 시너지 창출 가능성을 모색해 볼 수 있다. 즉, 두 프로젝트가 지금처럼 각기 따로 수행되는 것보다, 협업 가능한 방식을 찾아 함께 발전하는 것을 목표로 하도록 개선해야 할 필요가 있다는 것이다. 따라서 다음 단계는 두 프로젝트의 별도 운영보다 상생의 전략으로서

긴밀한 협업을 택함으로써 청각장애 아동의 교육 접근성을 보다 향상시킬 수 있는지를 분석하는 것이 타당한 방향이라 하겠다.

IDC에 대한 시사점

르완다의 사례는, 동아프리카의 다른 국가들과 비교했을 때 르완다가 상대적으로 국토 면적이 작고 인구 밀도가 높은 국가라는 점에서 일정한 한계를 감안할 필요가 있다. 특히 집단학살 이후, 르완다는 제도 재건과 분쟁 이후 복구에 초점을 맞추며 World Bank IDA 2009 한국을 비롯하여 다양한 양자 및 다자 개발원조를 적극적으로 유치해 왔다 Cho 2023. 통합교육에 관한 정책 채택 이후, 르완다 교육위원회 Rwanda Education Board, REB는 통합교육 개선 사례를 공유하는 데 적극적인 모습을 보여 왔다 Nyandwi 2025; REB 2024. 아울러 ADT와 RC 프로젝트 모두 동아프리카 지역에서 자주 지적되는 도시-농촌 간 격차를 해소하는 데 중점을 두지 않고 시행되었다는 점도 주목할 만하다.

그럼에도 불구하고 본 논문은 청각장애 아동의 교육 접근성 향상을 목표로 하는 IDC 국제개발협력 프로젝트에 대한 조기 평가의 중요성을 강조한다. 이러한 평가는 다양한 이해관계자 집단의 참여 수준을 파악하는 데 도움이 될 수 있으며, 특히 아동과 그 부모는 기존 교육 체계 내에서 종종 소외되어 왔기 때문에 더욱 그러하다. 본 연구는 국제기구가 수행한 두 가지 이니셔티브를 분석함으로써, 르완다처럼 적극적인 국가에서도 지역 이해관계자, 특히 장애인의 프로젝트 참여 수준에는 차이가 있을 수 있음을 보여준다. 이에 따라 향후 연구에서는 청각장애 아동과 그 공동체 구성원, 그리고 OPD가 IDC 국제개발협력 프로젝트 활동에 실제로 참여했는지를 평가하여, 이들의 학습 수요가 제대로 반영되었는지를 살펴볼 필요가 있다. 이는 통합교육을 위한 IDC 국제개발협력 관련 학술 및 회색 문헌에서 여전히 간과되고 있는 이들의 목소리를 반영하는 데 기여할 수 있다. 또한, 충분한 시간이 경과한 후에 프로젝트의 영향을 종합적으로 검토할 수 있는 장기 평가도 시행될 수 있을 것이다.

참고문헌

Barbeyrac, J. and Maphalala, T. 2022. Accessible Digital Textbooks Case Study: The Kenya, Rwanda, and Uganda Experiences. UNESCO Office of Nairobi.

Bose, B. and Heymann, J. 2020. "Do inclusive education laws improve primary school among children with disabilities?" International Journal of Educational Development 77: 102-208.

Cho, J. H. 2023. "What is Global Saemaul Undong Doing in Africa? - Critical Examining Its Myth and the Reality in Rwanda", International Development and Cooperation Review 15(1): 69-84.

Croft, A. 2013. "Promoting access to education for disabled children in low-income countries: Do we need to know how many disabled children there are?" International Journal of Educational Development 33(3): 233-243.

Desalew, A., Gelano, T. F., Semahegn, A., Geda, B. and Ali, T. 2020. "Childhood hearing impairment and its associated factors in sub-Saharan Africa in the 21st century: A systematic review and meta-analysis", SAGE Open Medicine 8(1): 1-11.

Dipendra, K. C. 2023. Technology in education: a case study on Thailand. UNESCO Global Education Monitoring Report.

Eleweke, C. J. and Rodda, M. 2002. "The challenge of enhancing inclusive education in developing countries", International Journal of Inclusive Education 6(2): 113-126.

Foreign, Commonwealth & Development Office (FCDO). 2022. FCDO Disability inclusion and rights strategy 2022-2030. London: FCDO.

Groce, N., Kett, M., Lang, R., and Trani, J.F. 2011. "Disability and poverty: The need for a more nuanced understanding of implications for development policy and practice", Third World Quarterly 32(8): 1493-1513.

Glaser, M. and van Pletzen, E. 2012. "Inclusive education for deaf students: Literary practices and South African Sign Language", Southern African Linguistics and Applied Language Studies 30(1): 25-37.

Inclusive Education Initiative (IEI). 2024. "What we do", https://www.unicef.org/digitaleducation/stories/unicefs-accessible-digital-textbooks-initiative-wins-zero-project-award-2024 (Searching date: 2025.01.15)

International Center for Evidence in disability (ICED). 2023. Disability-inclusive educaiton and employment: understanding the experiences of young men and women with disabilities in Rwanda. London, ICED.

KOICA. 2021. "제3차 국제개발협력 종합기본계획 (2021-2025)", https://www.koica.go.kr/sites/koica_kr/down/%EC%A0%9C3%EC%B0%A8%20%EA%B5%AD%EC%A0%9C%EA%B0%9C%EB%B0%9C%ED%98%91%EB%A0%A5%20%EC%A2%85%ED%95%A9%EA%B8%B0%EB%B3%B8%EA%B3%84%ED%9A%8D(2021-2025).pdf (Searching date: 2024.08.09)

Lee, E. S. and Kim, Y. R. 2024. "Evaluation Use in International Development Cooperation and Stakeholder Roles: A Theory of Change Approach", International Development and Cooperation Review 16(2): 1-23. (in Korean)

Le Fanu, G. 2015. "Imagining disability? Conceptualizations of learners with disabilities and their learning in the pedagogic manuals of international development agencies", International Journal of Educational Development 40: 267-275.

Le Fanu, G., Schmidt, E., and Virendrakumar, B. 2022. "Inclusive education for children with visual impairments in sub-Saharan Africa: Realising the promise of the Convention on the Rights of Persons with Disabilities", International Journal of Educational Development 91(3).

Lemire, S., Peck, L. R., and Porowski, A. 2020. "The growth of the evaluation tree in the policy analysis forest: Recent developments in evaluation", Policy Studies Journal 48(1): 47-70.

Lutalo-Kiingi, S. and De Clerck, G.A.M. "Perspectives on the sign language factor in sub-Saharan Africa: Challenges of sustainability", American Annals of the Deaf 162(1): 47-56.

Miles, S., Wapling, L. and Beart, J. 2011. Including deaf children in primary schools in Bushenyi, Uganda: a community-based initiative", Third World Quarterly 32(8): 1515-1525.

Ministry of Education [Rwanda]. 2016. "ICT in Education Policy", https://www.mineduc.gov.rw/index.php?eID=dumpFile&t=f&f=5830&token=7fa027ccbfbb5c448c118de1e6f1b81a373fbadc (Searching date: 2025.01.18)

Molina, E., Carter, E., Bazaldua, D.L., Pushparatnam, A. and Singal, N. "Teaching for all? Measuring the quality of inclusive practices across eight countries", Compare: A Journal of Comparative and International Education 1-19.

National Institute of Statistics of Rwanda (NISR). 2023. RPHC5 Thematic Report: Socio Economic Status of People with Disabilities. Kigali: Rwanda.

Nyandwi, C. 2025. "Rwanda: Shortage of Trained Teachers, Stigma Hinder Inclusive Education in Rwanda", AllAfrica February 13.

Obura, G. A. 2021. Sign Language for Deaf Children's Education and Guidance on its Use in Accessible Digital Teaching & Learning Materials. UNICEF Eastern and Southern Africa Regional Office.

Park, S. Y. and Kim, S. J. 2015. "Theory of Change and Its Implications for Results-Based Management", Journal of International Development Cooperation 10(2): 91-110. (in Korean)

Pritchett, L. 2015. "Creating education systems coherent for learning outcomes: Making the transition from school to learning", RISE Programme.

Rwanda Basic Education Board (REB). 2024. "First national dialogue on inclusive education in Rwanda has become a powerful reminder of our shared responsibility to leave no child behind", Hon. Minister Nsengimana Noted", https://www.reb.gov.rw/news-detail/first-national-dialogue-on-inclusive-education-in-rwanda-has-become-a-powerful-reminder-of-our-shared-responsibility-to-leave-no-child-behind-hon-minister-nsengimana-noted (Searching date: 2025.02.27)

Rwanda Legal Information Institute. 2007. "Law relating to Protection of Disabled Persons in General", https://rwandalii.org/akn/rw/act/law/2007/1/eng@2007-05-21#:~:text=A%20disabled%20person%20has%20the,Social%20affairs%20shall%20determine%20the (Searching date: 2025.01.18)

Rwanda Ministry of Education. 2023. 2021/22 Education Statistical Yearbook. Kigali: Rwanda.

Saito, M. 2003. "Amartya Sen's capability approach to education", Journal of Philosophy of Education 37(1): 17-33.

Sen, A. 1992. Inequality Reexamined: Clarendon Press.

Sen, A. 1993. "Capability and Well-Being", Martha Nussbaum and Amartya Sen. eds. The quality of life. pp. 30-53. Oxford: Clarendon Press.

Sen, A. 2003. "Development as Capability Expansion", Fukuda-Parr, S. and Shiva Kumar, A.K. eds. Readings in Human Development. pp. 3-16. New Delhi and New York: Oxford University Press.

Srivastava, M., De Boer, A., and Pijl, S. J. 2015. "Inclusive education in developing countries: A closer look at its implementation in the last 10 years", Educational Review 67(2): 179-195.

UN. 2021. "Our Common Agenda", https://www.un.org/en/content/commonagenda-report/ (Searching date: 2024.08.09)

UN. 2024. "Universal Values Principle Two: Leave No One Behind", https://unsdg.un.org/2030-agenda/universal-values/leave-no-one-behind (Searching date: 2024.08.09)

UN Commission on Human Rights. 1990. "Convention on the Rights of the Child", https://www.refworld.org/legal/resolution/unchr/1990/en/47325 (Searching date: 2024.08.09)

UN Department of Economic and Social Affairs (DESA). n.d. "SDG 4: Ensure inclusive and equitable quality education and promote lifelong learning opportunities for all", https://sdgs.un.org/goals/goal4 (Searching date: 2024.08.09)

UN General Assembly. 1948. "Universal Declaration of Human Rights", https://www.refworld.org/legal/resolution/unga/1948/en/11563 (Searching date: 2024.08.09)

UN General Assembly. 2007. "Convention on the Rights of Persons with Disabilities", https://www.refworld.org/legal/resolution/unga/2007/en/49751 (Searching date: 2024.08.09)

UN Nations Treaty Collection. n.d. "Optional Protocol to the Convention on the Rights of Persons with Disabilities", https://treaties.un.org/pages/ViewDetails.aspx?src=TREATY&mtdsg_no=IV-15-a&chapter=4&clang=_en (Searching date: 2024.09.01)

UN Sustainable Development Knowledge Platform. n.d. "Major Groups and Other Stakeholders (MGoS)", https://sustainabledevelopment.un.org/mgos (Searching date: 2024.09.01)

UNDP. 2024. "Human Development Index (HDI)", https://hdr.undp.org/data-center/human-development-index#/indicies/HDI (Searching date: 2024.08.09)

UNESCO. 1994. "Salamanca Statement and Framework for Action on Special

Needs Education", https://unevoc.unesco.org/bilt/BILT+publications/lang=enaktakt/akt=detail/qs=4916 (Searching date: 2024.08.09)

UNESCO. 2003. "Law No 29/2003 of 30/08/2003 establishing the organisation and the functioning of nursery, primary and secondary schools", https://planipolis.iiep.unesco.org/index.php/en/2003/law-no-292003-30082003-establishing-organisation-and-functioning-nursery-primary-and-secondary

(Searching date: 2025.01.18)

UNESCO. 2020. Global Education Monitoring Report 2020: Inclusion and education: All means all. Paris: UNESCO.

UNESCO. 2022a. "Burundi: Inclusion. Education Profiles", Global Education Monitoring Report. https://education-profiles.org/sub-saharan-africa/burundi/~inclusion (Searching date: 2025.01.18)

UNESCO. 2022b. "Comoros: Inclusion. Education Profiles", Global Education Monitoring Report. https://education-profiles.org/sub-saharan-africa/comoros/~inclusion (Searching date: 2025.01.18)

UNESCO. 2022c. "Eritrea: Inclusion. Education Profiles", Global Education Monitoring Report. https://education-profiles.org/northern-africa-and-western-asia/eritrea/~inclusion (Searching date: 2025.01.18)

UNESCO. 2022d. "Ethiopia: Inclusion. Education Profiles", Global Education Monitoring Report. https://education-profiles.org/sub-saharan-africa/ethiopia/~inclusion

(Searching date: 2025.01.18)

UNESCO. 2022e. "Kenya: Inclusion. Education Profiles", Global Education Monitoring Report. https://education-profiles.org/sub-saharan-africa/kenya/~inclusion

(Searching date: 2025.01.18)

UNESCO. 2022f. "Madagascar: Inclusion. Education Profiles", Global Education

Monitoring Report. https://education-profiles.org/sub-saharan-africa/madagascar/~inclusion
(Searching date: 2025.01.18)

UNESCO. 2022g. "Rwanda: Inclusion. Education Profiles", Global Education Monitoring Report. https://education-profiles.org/sub-saharan-africa/rwanda/~inclusion (Searching date: 2024.08.09)

UNESCO. 2022h. "Seychelles: Inclusion. Education Profiles", Global Education Monitoring Report. https://education-profiles.org/sub-saharan-africa/seychelles/~inclusion (Searching date: 2025.01.18)

UNESCO. 2022i. "Somalia: Inclusion. Education Profiles", Global Education Monitoring Report. https://education-profiles.org/sub-saharan-africa/somalia/~inclusion (Searching date: 2025.01.18)

UNESCO. 2022j. "South Sudan: Inclusion. Education Profiles", Global Education Monitoring Report. https://education-profiles.org/sub-saharan-africa/south-sudan/~inclusion
(Searching date: 2025.01.18)

UNESCO. 2022k. "Tanzania: Inclusion. Education Profiles", Global Education Monitoring Report. https://education-profiles.org/sub-saharan-africa/united-republic-of-tanzania/~inclusion (Searching date: 2025.01.18)

UNESCO. 2022l. "Uganda: Inclusion. Education Profiles", Global Education Monitoring Report. https://education-profiles.org/sub-saharan-africa/uganda/~inclusion (Searching date: 2025.01.18)

UNESCO Global Partnership for Education (GPE). 2020. "Inclusive education for Children with Disabilities", https://assets.globalpartnership.org/s3fs-public/document/file/2020-10-GPE-factsheet-inclusive-education.pdf?VersionId=93nychZi.asyVby.d.REQ5zApJ0gfb_F (Searching date: 2024.08.09)

UNESCO Institute for Statistics. 2024. "SDG 4 data: Education and lifelong learning", https://sdg4-data.uis.unesco.org/ (Searching date: 2025.01.11)

UNESCO International Institute for Capacity Building in Africa. 2024. "Eritrea: Education Country Brief", https://www.iicba.unesco.org/en/eritrea (Searching date: 2025.01.18)

UNICEF. 2019. "Accessible Digital Textbooks Using Universal Design for Learning for learners with and without disabilities", https://www.accessibletextbooksforall.org/universal-design-learning (Searching date: 2024.08.09)

UNICEF. 2021. "Making learning easier for children with disabilities", https://www.unicef.org/rwanda/stories/making-learning-easier-children-disabilities (Searching date: 2024.08.09)

UNICEF. 2023. "UNICEF's Accessible Digital Textbooks initiative wins the Zero Project Award 2024", https://www.unicef.org/digitaleducation/stories/unicefs-accessible-digital-textbooks-initiative-wins-zero-project-award-2024 (Searching date: 2025.01.15)

Vaessen, J., Lemire, S., and Befani, B. 2020. Evaluation of International Development Interventions: An Overview of Approaches and Methods. Independent Evaluation Group. Washington, DC: World Bank.

World Bank International Development Association (IDA). 2009. "Rwanda: From Post-Conflict Reconstruction to Development", https://documents1.worldbank.org/curated/en/954801468108536137/pdf/519570BRI0ida1148B01PUBLIC11PUBLIC1.pdf (Searching date: 2025.02.27)

World Bank. 2022. Understanding Multidimensional Determinants of Disability-Inclusive Education: Lessons from Rwanda, Sierra Leone, and Zambia. Washington, DC: World Bank.

World Bank. 2023. Approaches to deliver Inclusive Education in Sub-Saharan Africa and South Asia. Washington, DC: World Bank.

World Bank. 2023b. Inclusive education initiative in Rwanda: A final report of project activities. Washington, DC: World Bank.

World Federation of the Deaf. 2016. "Know and Achieve Your Human Rights", https://wfdeaf.org/our-work/human-rights-of-the-deaf/_(Searching date: 2024.09.01)

World Federation of the Deaf. 2024. "Legal Recognition of National Sign Languages", https://wfdeaf.org/news/the-legal-recognition-of-national-sign-languages/ (Searching date: 2024.08.09)

World Health Organization and World Bank. 2011. World Report on Disability 2011. World Health Organization.

World Intellectual Property Organization. n.d. "Marrakesh Treaty to facilitate access to published works for persons who are blind, visually impaired or otherwise print disabled", https://www.wipo.int/en/web/marrakesh-treaty/ (Searching date: 2024.08.09)

Yoo, S. S. and Lee, E. H. 2016. "Implication of Amartya Sen's Capability Approach in Education Development Cooperation", The SNU Journal of Education Research 25(1): 119-143. (in Korean)

• 윤세미

콜롬비아대학교에서 경제학 학사와 지속가능발전 박사학위를 취득했으며, 현재 서울대학교 국제대학원에서 조교수로 재직하고 있다. 주요 관심 분야는 지속가능발전을 위한 과학·기술·혁신, 환경경제학, 개발학이다. (연락처: semee@snu.ac.kr)

• 이예린

중앙대학교 영어영문학과와 정치외교학과를 졸업하고 서울대학교 국제대학원 석사과정에 재학 중이다. 주요 관심 분야는 정치경제, 교육, 국제개발협력, 지속가능발전 등이다.(연락처: yl29225@snu.ac.kr)

국제지역과 개발의 다학제적 연구 총서 II

젠더와 교육 포용적 발전과 사회 정의 관점에서

초판 1쇄 인쇄 2025년 12월 19일
초판 1쇄 발행 2025년 12월 26일

지 은 이 서울대학교 국제대학원 BK21 교육연구단

발 행 인 한정희
발 행 처 경인문화사
편 집 양은경 김지선 한주연 김한별
마 케 팅 하재일 유인순
출판번호 제406-1973-000003호
주 소 경기도 파주시 회동길 445-1 경인빌딩 B동 4층
전 화 031-955-9300 팩스 031-955-9310
홈페이지 www.kyunginp.co.kr
이 메 일 kyungin@kyunginp.co.kr

ISBN 978-89-499-6906-0 94300
ISBN 978-89-499-6904-6 94300(세트)
값 12,000원